PEDRO IVO MORAES

EMPRESAS ESPIRITUALIZADAS

AMOR E PROPÓSITO NA TRANSFORMAÇÃO DO MUNDO CORPORATIVO

DVS EDITORA

www.dvseditora.com.br
São Paulo, 2017

EMPRESAS ESPIRITUALIZADAS
AMOR E PROPÓSITO NA TRANSFORMAÇÃO DO MUNDO CORPORATIVO

Copyright© DVS Editora 2017
Todos os direitos para o território brasileiro reservados pela editora.

Nenhuma parte deste livro poderá ser reproduzida, armazenada em sistema de recuperação, ou transmitida por qualquer meio, seja na forma eletrônica, mecânica, fotocopiada, gravada ou qualquer outra, sem a autorização por escrito do autor.

Arte e Diagramação: Agência FMartins Prosperidade – www.agfmartins.com.br
Revisão: Sally Tilelli

```
        Dados Internacionais de Catalogação na Publicação (CIP)
              (Câmara Brasileira do Livro, SP, Brasil)

     Moraes, Pedro Ivo
        Empresas espiritualizadas : amor e propósito
     na transformação do mundo corporativo / Pedro Ivo
     Moraes. -- São Paulo : DVS Editora, 2017.

        ISBN: 978-85-8289-158-2

        1. Administração de empresas 2. Comportamento -
     Modificação 3. Consciência 4. Cultura corporativa
     5. Espiritualidade nos negócios 6. Liderança
     7. Transformação I. Título.

 17-08935                                        CDD-658.001
              Índices para catálogo sistemático:

        1. Consciência corporativa : Espiritualidade
              aplicada à administração 658.001
```

PEDRO IVO MORAES

EMPRESAS ESPIRITUALIZADAS

AMOR E PROPÓSITO NA TRANSFORMAÇÃO DO MUNDO CORPORATIVO

www.dvseditora.com.br

ÍNDICE

07 — **AGRADECIMENTOS**

09 — **PREFÁCIO** (por Marco Kerkmeester)

11 — **INTRODUÇÃO**

19 — **PARTE 1 – O CONTEXTO**

21 — 1.1 – CONTEXTO HISTÓRICO

Objetivo: mostrar a história dos últimos séculos, ao longo da qual abrimos mão da espiritualidade e nos tornamos mais racionais e materialistas, e entender que o movimento atual (que já acontece) é o de retornar à busca pelo significado.

33 — 1.2 – CONFLITOS E PROBLEMAS

Objetivo: apresentar um mundo mais questionador, assim como a lógica do conflito de gerações. Entender que as empresas do passado não funcionam na lógica do "atual" ou do "futuro".

38 — 1.3 – HISTÓRIA DO MARKETING E DOS NEGÓCIOS

Objetivo: entender o porquê das empresas existirem e comparar com a necessidade de hoje. Desconstruir a ideia que temos sobre negócios.

49 — **PARTE 2 – A CONSTRUÇÃO DO TRABALHO E DE EMPRESAS MELHORES**

58 — 2.1 – NÍVEIS NEUROLÓGICOS

Objetivo: conhecer a teoria e as formas de aplicação para levar mais consciência a si mesmo e às empresas.

63 — 2.2 – NÍVEIS VISÍVEIS – BASE DA PIRÂMIDE: AMBIENTE, COMPORTAMENTO E CAPACIDADE

Objetivo: reconhecer-se nesses níveis e nos respectivos problemas gerados nessas áreas.

66 — 2.3 – NÍVEIS INVISÍVEIS – O TOPO DA PIRÂMIDE: CRENÇAS, IDENTIDADE E ESPIRITUALIDADE

Objetivo: reconhecer-se nesses níveis e ter ferramentas para trabalhar em níveis superiores de consciência.

68 — *2.3.1 – Valores – O Porquê*

Objetivo: entender a importância das crenças e dos valores, assim como o valor de tê-los alinhados por toda empresa.

77 — *2.3.2 – Identidade – A Missão*

Objetivo: compreender a extrema importância desse nível (no qual boa parte dos problemas se originam); de ser quem é e de declarar a própria verdade. Conhecer todos os benefícios e resultados de se fazer isso.

PARTE 3 – AS EMPRESAS ESPIRITUALIZADAS

93

Objetivo: mostrar ao leitor que ele precisa colocar em prática uma cultura baseada "no outro". Fazê-lo entender de forma simples a importância disso, não somente para o mundo, mas também para seus próprios resultados.

97

3.1 – O QUE É UMA EMPRESA ESPIRITUALIZADA?

Objetivo: definir uma empresa espiritualizada, suas características, seus níveis de consciência e seu impacto no mundo.

113

3.2 – INGREDIENTES

Objetivo: mostrar os ingredientes básicos de uma empresa no caminho da espiritualidade – **propósito, fluidez, fé e amor** –, assim como o modo pelo qual eles ajudam a empresa a obter mais resultados.

PARTE 4 – NOVO MUNDO

141

Objetivo: entender que o leitor precisa de um mundo inteiramente movido pelo propósito. Incitá-lo a seguir esse novo caminho. Construir um novo futuro (mundo).

147

4.1 – O LÍDER EDUCADOR

Objetivo: demonstrar que o papel dos líderes nesse novo mundo é o de educar seus colaboradores, oferecendo-lhes liberdade de crescimento pessoal e profissional.

151

4.2 – NOVAS EMPRESAS

Objetivo: mostrar esse novo caminho. Apresentar a teoria de empresas multifacetadas e sociais (o grande espírito corporativo).

PARTE 5 – O GRANDE SEGREDO

161

Objetivo: elevar a consciência das pessoas para criar a nova realidade de um mundo melhor, fora e dentro de cada um.

AGRADECIMENTOS

Este livro está recheado com a sabedoria de diversos mestres e outros autores, dos quais tomei a liberdade de "roubar" frases, vídeos, palestras e conhecimentos. Assim, gratidão a todos pela inspiração. Que esse livro seja mais uma peça na jornada contínua de elevação da consciência.

Uma das minhas citações favoritas é "A felicidade só é real se compartilhada", nada é mais verdadeiro em mim. Gratidão a todos que compartilham essa minha experiência que é a vida.

Em primeiro lugar, e, mais importante, minha família, em especial:

Ao meu pai, pessoa responsável por regar em mim, desde pequeno, a paixão pela arte e escrita. Meu poeta.

A minha mãe, responsável pela minha vida e por manter meu coração aquecido. Ela me ensinou a arte de amar e a existir a partir disso.

Aos meus irmãos:

Guilherme, que me dá alegria e sempre foi o irmão mais velho, cuidadoso e amoroso. Além de ser pai do Mateus, que é a fonte mais infinita de alegria.

E ao Diogo, meu eterno irmão, que me ensina a ser livre e a viver a vida no máximo da plenitude. Saudades para sempre.

Uma saudade especial da minha vó Luiza que meu deu amor incondicional e é referência para o ser humano que quero ser. Amo muito você.

A minha mulher e parceira Viviane Martins, minha base. Responsável por me manter no chão ao mesmo tempo que me incentiva e permite voar. Sem você, eu não teria condições de ser quem eu sou.

A todos os amigos que trabalharam e trabalham comigo: Renato Romeo, um dos maiores professores e líder que tive; Ariane Perez e Vinicius Hélcio, queridos sócios mega competentes. Aos meus cientes e a todos da família Novo Mundo e f.martins que trabalham em prol da prosperidade e me permitem seguir minha jornada com tranquilidade.

Em especial aos meus sócios:

Fernando Martins, responsável pela mudança profissional na minha vida, há muitos anos, onde comecei toda minha jornada. Uma das pessoas mais inteligentes que conheço.

Eduardo Bernardinelli, meu irmão de jornada que esteve comigo nos momentos mais difíceis. Gratidão por estar, literalmente, do meu lado sempre que precisei.

Northon Dengler, sócio e guerreiro amoroso. Sem você esse livro seria impossível. A sabedoria contida nele é boa parte sua. Gratidão. Sempre juntos!

Seria impossível agradecer a todos meus amigos. Graças a Deus são muitos e sou feliz pela existência de cada um na minha vida.

Um agradecimento especial por aqueles que me fizeram crescer espiritualmente:

Nicolai Cursino, amigo de alma e orientador espiritual – parceiro, sua jornada é linda e seu propósito mais ainda.

E João Luiz Cortez, amigo e professor de grandes jornadas – obrigado pelas palavras de sabedoria.

À editora DVS e à revisora Sally, por terem me acolhido com tanto carinho e facilitado meu trabalho.

Aos amigos Sérgio e Flora, casal mais incrível e companheiros de propósito. Gratidão por me incentivarem e me ajudarem tanto durante esse processo.

Um obrigado especial ao Marco Kerkmeester, fundador da Santo Grão, um grande líder e um empresário espiritualizado. Motivo de inspiração.

E, por fim, ao Deus que somos.

Amo todos vocês.

Gratidão existência.

PREFÁCIO

"O amor te faz crescer", já dizia a minha mãe. E eu cresci tomando banhos de amor.

"Crescer" é um objetivo pessoal? Toda empresa tem o objetivo de "Crescer"? "Crescer" em que? Em faturamento, em lucro, em conhecimento, em responsabilidade, em governança etc.

É o amor que te faz crescer?

Já li muitos livros que levantam a seguinte discussão: "Como alinhar os objetivos da equipe com os objetivos da empresa?". E até acho que essa é uma boa pergunta. Mas também acredito que ela possa ser mais bem formulada; talvez, como sugere o Pedro, de maneira oposta: "Como alinhar os objetivos da empresa com os objetivos da equipe?". E é aí que fica interessante: seria uma empresa altamente engajada e animada aquela que está alinhada com os objetivos dos indivíduos da equipe.

E por que "com os objetivos dos 'indivíduos' da equipe" e não somente "com os objetivos da equipe"? Porque "indivíduos" existem, "equipes" não. Equipe é somente uma ideia, enquanto indivíduos têm carne e osso. "Na média, o ser humano tem um seio e um testículo", já dizia Dixie Lee Ray. Mas o que ela está tentando nos dizer com isso? Que existem tantas mulheres quanto homens no mundo? Ou que não existe um ser humano "na média"? Existem somente indivíduos.

Somos Indivíduos. Bichos independentes. Cada qual com seus próprios atributos, suas próprias qualidades e seus próprios objetivos. Uns querem aprender, outros desenhar coisas lindas, outros ainda querem tocar música, cuidar dos animais ou até cuidar dos outros. Uns querem liderar e outros querem ser liderados. Somos indivíduos, independentes, com nossos próprios desejos. Livres e soltos. Indivíduos.

Agora, como pastorear um rebanho formado por esses "indivíduos"?

Em Empresas Espiritualizadas, as ideias, os exercícios e os vídeos indicados por Pedro Ivo Moraes não nos dão uma receita para pastorear tal rebanho. Sinto muito. Para pastorear o seu rebanho você precisará de sua própria receita. Sua receita única, que lhe foi dada para passar adiante. O que Pedro nos traz é uma receita para refletirmos. E nesta reflexão eu encontrei, e você também poderá encontrar, um outro nível de conscientização. Um nível mais alto. Um nível em que você poderá achar sua nova receita. Nisso, Pedro, eu te agradeço.

Quando estava na faculdade nos anos 1980, descobri a Pirâmide de Necessidades de Abraham Maslow. Gostei! Sim, é preciso atender as necessidades fisiológicas, as necessidades mais básicas, antes de entrar no nível de autorrealização. É um bom caminho para lidar com pessoas. Usei muito esse conceito e obtive resultados maravilhosos com isso. Eu também te agradeço, Abraham! Porém, com os anos, descobri que tinha algo errado: se a motivação mais primordial fosse atender as necessidades fisiológicas – se a maior motivação fosse a realização pessoal –, por que tantas pessoas foram para as guerras e deram suas vidas? Por que alguns pais abriram mão de suas vidas para salvar seus filhos? Por quê? O porquê, posso imaginar, é o amor. Somente o amor!!!

Amor! Vejo que o amor é a maior motivação na vida. Uma motivação mais básica que a autopreservação e, ao mesmo tempo, mais nobre que a autorrealização. Como seria uma empresa motivada somente pelo amor? Como seria uma empresa direcionada pelo amor, iluminada pelo amor e construída pelo amor?

No Santo Grão, empresa da qual faço parte, podemos servir café. Ok, nada "uau". Também podemos servir "café com amor". Agora, de que tamanho é o prazer de "servir café"? E de que tamanho é o prazer de "servir café, com amor"? Que "garçom" você curte mais? Como é receber um café, e como é receber um café, com amor? Qual "cliente" vai sentir mais prazer? E qual é o custo do amor? Qual é o seu valor?

O amor me faz crescer. Ele faz o Santo Grão crescer também.

Mãe e Pedro, eu e o Santo Grão agradecemos a vocês.

Marco Kerkmeester
Fundador do Santo Grão

INTRODUÇÃO

Antes de mais nada, este é um livro dedicado a empresas, líderes e pessoas que, de algum modo, ouviram o chamado e/ou acreditam na possibilidade de mudar o mundo. Ele se destina a todos que, como eu, acreditam que o nosso trabalho e as nossas corporações são os maiores instrumentos de transformação desse mundo. Afinal, esta passa primeiro por nós mesmos e só então envolve os que nos rodeiam. Esse é o ambiente em que iremos trabalhar neste livro.

Assim, além de compreendermos o significado sagrado do trabalho, também focaremos no ideal de um trabalho mais pleno, mais voltado para nossa própria felicidade, assim como para a felicidade do mundo como um todo – algo que tanto almejamos, mas sobre o qual pouco conhecemos.

Começaremos fazendo um rápido levantamento de como chegamos até aqui. Neste sentido, contaremos uma breve história que irá mostrar as rupturas culturais ao longo dos últimos séculos, e a consequente nova era em que adentramos.

Mostraremos o conflito comum que existe entre uma cultura com elevado poder de "propósito" frente aos formatos e padrões mais antigos. A nova realidade está cheia de empresas engajadoras e de exemplos desse poder de transformação. O que vivenciamos nos últimos anos está se confirmando agora: já não é possível sermos os mesmos de antes. Essa mudança de comportamento em nossa cultura se tornou irrefreável. Ela já aconteceu!

Este livro mostra uma nova visão sobre negócios e suas teorias. Subimos um patamar de consciência em nosso mundo, portanto, se quiserem prosperar, nossas empresas também precisarão acompanhar tal mudança.

Para isso, oferecemos neste livro o apoio necessário para essa transição, mostrando "porque" e "como" aceitar os novos conceitos e, melhor ainda, provando que essa é a melhor maneira de se obter todo tipo de resultado positivo em uma organização.

Faremos uma análise desses problemas e demonstraremos como identificar suas raízes, apresentando soluções. Veremos de que maneira eles, geralmente, estão ligados a uma essência desconectada e delinearemos a importância da espiritualidade nesse processo de (re)construção de nossas empresas. Com isso, trabalharemos em cima de um novo cenário, mostrando as qualidades e características de um novo mundo, revelando a melhor forma de agir nesse novo contexto.

Ao iniciar a leitura deste livro você já se mostrou uma peça fundamental para os dias de hoje. De uma coisa tenho certeza: este livro é apenas um "empurrãozinho". Quem deixará o mundo um lugar melhor para se viver é você!

Seja bem-vindo.

O DESPERTAR

Alguma vez você teve um estalo e percebeu que, de repente, algo fez sentido e se mostrou absolutamente óbvio, ao ponto de fazê-lo se perguntar "como é que não vi isso antes"? Pois é, comigo não foi diferente.

Já tive muitas experiências como consultor nas quais meu trabalho natural sempre exigia o entendimento daquilo que as empresas fazem e, mais importante, do porquê elas o fazem. Percebi que essa naturalidade me ajudava muito a realizar trabalhos com alto índice de resultados positivos, tanto para meus clientes quanto para mim mesmo. Porém, nunca tive consciência do que isso significava, pelo menos até iniciar diversos trabalhos de autoconhecimento que me permitiram encontrar propósito e conexão em tudo aquilo que fazia.

Naturalmente, sempre trabalhei (mesmo sem saber) conectando o conhecimento do desenvolvimento humano, ligado à essência (quem somos) com o trabalho de consultoria e *marketing* que fazia em minha empresa. Com o passar dos anos aprimorei todo trabalho, criando conceitos e técnicas que reúnem diferentes áreas, e desenvolvendo algo relativamente novo: negócios e espiritualidade.

Sou extremamente grato pelos caminhos que segui (mesmo os mais difíceis). Aliás, ser grato pelos meus erros e pelo meu passado foi muito importante, pois ambos me ajudaram a chegar onde estou e a definir meu rumo.

Espero que, assim como eu, todos os conceitos aqui apresentados evoluam e cresçam com o tempo. O propósito é espalhar essa semente de espiritualidade em nossas atividades profissionais e em todas as organizações do mundo. Para isso, torço para que o maior número possível de pessoas se engaje e contribua com o que será plantado aqui.

Espero também que este livro seja uma nova ferramenta para os que já são empreendedores (ou para os que estão iniciando nessa vida), para os que trabalham nas áreas de *marketing* ou administração, para os que presidem empresas e lideram equipes, para os que atuam como consultores ou apenas são curiosos do mundo dos negócios. Que, de algum modo, todos nós sejamos capazes de transformar a maneira como enxergamos o papel das nossas empresas, dos nossos trabalhos e, consequentemente, de nossas vidas no mundo de hoje.

Este livro é um retrato de onde estou hoje. Rubem Alves disse certa vez: "Escrevo como os tecelões, que tecem seus tapetes trançando fios de linha. Também eu tranço fios. Só que de palavras." Eu também escrevo este livro trançando palavras, e sei que durante a tecedura deixarei fios soltos (fios estes que espero usar para tecer outro livro no futuro).

A tecelagem deste livro é feita com diversos fios. São presentes de vários autores que usei para criar uma nova peça. Esta não seria possível se não houvesse esses fios.

Assim, não sou o único responsável pelo que está escrito aqui. Energeticamente o mundo todo está contribuindo para as mudanças que estamos presenciando. Isso influenciou muito a criação deste livro. Além disso, esta obra está literalmente recheada com a sabedoria de diversas pessoas, inclusive de outros autores. Gostaria de externar minha enorme gratidão a todos os que de algum modo cruzaram meu caminho. Em especial, agradeço aos meus clientes por toda a experiência prática que me foi permitida em suas empresas. Essas pessoas acreditaram em mim e colaboraram muito com o conteúdo aqui apresentado.

Acredito que o fluxo natural da vida seja como a troca de bastonetes numa corrida de revezamento. Assim, independentemente do que aconteça, precisamos continuar a jornada e repassá-lo para quem nos segue.

DICAS DE LEITURA

Além de todo conhecimento cognitivo, neste livro daremos ênfase a uma nova forma de leitura e aprendizagem, baseada no "sentir". Para isso citarei diversas obras que são mais voltadas para o coração. Acredito que a arte seja parte essencial de tudo o que é ensinado. Nenhum outro formato é tão poderoso para falar diretamente ao coração.

Todos esses conteúdos aparecerão ao longo do livro – citações, livros, palestras, artigos, filmes etc. É extremamente importante refletir em cima dessas citações e senti-las no coração. Esse é o intuito de muitas das referências colocadas aqui: abrir o coração das pessoas. O leitor poderá escolher livremente uma ou outra obra que, de alguma maneira, o ajude nessa tarefa.

Para escrever este livro, em alguns momentos usei músicas como forma de concentração para a escrita. Acredito que elas ajudem muito na compreensão do conteúdo, tornando-a mais livre e conectada. Algumas dessas músicas estão na minha *playlist* do SPOTFY, com o título de "Empresas Espiritualizadas". Acompanhe por lá.

Quando abrimos o coração, estamos abertos à alegria e a tristeza. Por isso, se algum dos conceitos aqui apresentados incomodá-lo(a), olhe internamente, pois significa que algo está ressoando em você. É importante respeitar esse processo, e, em uma empresa espiritualizada essa é uma característica fundamental.

EXERCÍCIOS

Também inclui neste livro alguns exercícios, com o intuito de firmar no papel as ideias apresentadas e permitir a reflexão. Invista algum tempo e pondere sobre o que está sendo proposto. Não existe certo ou errado, somente aprendizado.

WEBSITE

Você também pode acompanhar e colaborar com o tema acessando o site:

www.empresasespiritualizadas.com.br

Todos as citações e referências a obras, músicas, exercícios, estão dentro do site. Ali também poderão ser encontrados novos vídeos, artigos e muito mais.

PROPOSTA INICIAL

Este livro foi escrito, quase que em sua totalidade, em condições especiais. Procurei me recolher em lugares muito especiais para escrevê-lo, sempre em meio à natureza e ao silêncio.

Também me vali do hábito de meditar todos os dias para ampliar ainda mais essa conexão. Neste trabalho, em especial, concentrei-me na auto-hipnose Ericksoniana. Assim, aconselho ao leitor que reserve alguns minutos e use dessa mesma técnica sempre que for iniciar a leitura (ou qualquer outro tipo de aprendizagem). Ela ajudará na absorção do conteúdo e na geração de *insights*.

AUTO-HIPNOSE PARA LEITURA[1]:

Coloque-se em uma posição confortável (se possível com os pés no chão). Inspire e expire pelo nariz, de maneira lenta, profunda e prolongada, e sempre com a mesma intensidade. Diga a si mesmo:

"Estou iniciando um processo importante de aprendizagem e, para isso, farei algumas longas respirações para aproveitá-lo ao máximo. Farei 5 respirações profundas e na sexta entrarei em estado profundo de relaxamento (ou transe). Ficarei nesse estado durante todo período de leitura, aproveitando ao máximo todo o conteúdo e estando aberto a toda informação e a novos insights que possam surgir."

FAÇA UMA SÉRIE DE 6 RESPIRAÇÕES, RELAXE E APROVEITE A LEITURA.

---

[1] Esse mesmo exercício, com áudio guiado, está no site www.empresaseespiritualizadas.com.br. (N.A.)

PARTE 1
O CONTEXTO

O quadro científico do mundo a minha volta é muito deficiente. Ele me dá muitas informações factuais, põe toda nossa experiência em uma ordem magnificamente coerente, mas mantém um horrível silêncio sobre tudo o que é caro ao nosso coração, o que é realmente importante para nós. Esse quadro não me diz uma única palavra sobre a sensação que sentimos diante do vermelho ou do azul, do amargo e do doce, da alegria e da tristeza. Ele não sabe nada a respeito de beleza e felicidade, do que é bom e do que é mau, de Deus e da eternidade. A ciência, às vezes, finge responder a essas perguntas, mas suas respostas, quase sempre, são tão tolas que não podemos aceitá-las seriamente. A ciência é reticente também quando se trata de uma pergunta sobre a grande Unidade da qual nós, de alguma forma, fazemos parte; à qual pertencemos. Agora, em nosso tempo, o nome mais popular para isso é Deus, com D maiúsculo. A ciência tem sido costumeiramente rotulada de ateísta e, depois de tudo o que já dissemos, isso não é de surpreender. Se o quadro do mundo da ciência não contém beleza, alegria ou tristeza; e se personalidade foi eliminada dele, por comum acordo, como poderia conter a ideia mais sublime que se apresenta à mente humana?

Erwing Schrodinger

1.1 – CONTEXTO HISTÓRICO

Como grande parte dos conceitos aqui mencionados se baseia na mudança da era que estamos presenciando, é importante contextualizarmos o caminho da humanidade até o presente momento. Porém, não há qualquer intenção por parte desse autor de que este seja um livro histórico, com grandes aprofundamentos factuais.

Estamos participando dessa análise durante um período de transição, por isso é importante entendermos que não há outra alternativa senão expormos uma visão limitada do caminho percorrido pela humanidade. Todavia, mesmo de forma limitada, é importante mostrarmos o sentido desse caminho e, ao mesmo tempo, oferecermos explicações sobre o porquê de estarmos onde estamos. Só assim aprenderemos a viver nesse novo contexto e entenderemos aquilo que se apresenta diante de nós.

É importante salientar que, apesar de se propor a ser um livro prático, voltado para líderes e empreendedores, ele também tem uma carga bastante espiritual. O contexto histórico explica isso.

> "O FUTURO É O CAOS. UMA OPORTUNIDADE COMO ESTA SÓ SE APRESENTOU CINCO OU SEIS VEZES DESDE QUE NOS FIRMAMOS DE PÉ COMO SERES HUMANOS. O MELHOR MOMENTO POSSÍVEL PARA ESTAR VIVO É QUANDO PRATICAMENTE TUDO O QUE SE JULGAVA SABER SE REVELA UM ENGANO."
>
> *Valentine, na peça teatral Arcadia, de Tom Stoppard*

O ser humano sempre buscou descobrir sua origem e o significado de sua existência. Há indícios de que povos antigos tenham conseguido viver uma vida com sentido, encontrando harmonia, quando a espiritualidade e a ciência caminhavam de mãos dadas e eram capazes de criar coisas que, mesmo nos dias de hoje seriam impensáveis.

De qualquer forma, o fato de estarmos sempre à procura de maiores significados para nossa existência é incontestavelmente intrínseco a qualquer período de nossa história. Aliás, é essa linha que se mostra direcionadora do comportamento humano, de cultura para cultura e de época para época.

Focaremos em períodos onde esses significados passaram por mudanças bruscas (e necessárias), principalmente no Ocidente, alterando a forma como veríamos a ciência e a religião.

A DECADÊNCIA DA FÉ

Durante grande parte da Idade Média (e em períodos anteriores), toda a realidade, principalmente no Ocidente, era definida pela Igreja. As explicações aceitas sobre a vida eram teocráticas deixando pouco espaço para aquilo que se baseava na razão e no homem. Era a igreja quem ditava a consciência da época e exercia influência sobre a população. O mundo ditado por esses eclesiásticos era extremamente espiritual – no sentido de se encontrar significado colocando o plano de Deus como centro da vida. Independente da classe à qual se pertencia, a posição social se mostrava secundária em relação à realidade espiritual definida pelos clérigos. Acreditava-se que Deus havia colocado a humanidade no centro de seu universo e que toda a vida se baseava em obter a "salvação", ou perdê-la – ir ao encontro de Deus ou sucumbir às tentações do diabo. Esse caminho proposto estava sob o domínio dos poderosos eclesiásticos, que interpretavam a vontade de Deus e revelavam a você o seu futuro.

Esse mesmo Deus é responsável não somente pelo destino do ser humano, mas também pelos fenômenos da vida – de desastres naturais à morte de parentes, incluindo doenças, tudo é vontade Dele. Não há qualquer ideia geológica, medicinal e/ou científica sobre esses fatos, somente nossa crença no plano espiritual.

Essa posição ocupada pela igreja é consequência de anos do uso da fé como sistema de poder sobre a sociedade. É óbvio que as instituições eclesiásticas da época se aproveitaram dessa realidade para construir um mundo baseado em suas regras, dentre as quais a mais básica: "Siga os nossos passos e terá uma vida eterna". Com o passar do tempo foi se concretizando essa "privatização" como sistema de poder. Entretanto, nada desse discurso tinha fundamento em Deus ou nas vontades Dele. Assim, o plano estabelecido se voltou contra si mesmo, levando, aos poucos, a uma incredulidade na igreja por parte da sociedade.

Para sustentar o poder a igreja deixa de usar somente a fé como virtude engajadora e começa a se valer de uma estratégia política supercomum: o medo. Veremos que esse medo, cultivado ao longo dos séculos, se tornará o principal elemento de nossas frustrações, também na realização de nossos trabalhos. Porém, apesar de eficiente, essa tática tem pouca duração e, no longo prazo, leva a um revés. Ou seja, embora a instituição do conceito de inferno, por exemplo, acabe fidelizando ainda mais os seguidores, isso com o tempo faz com que o homem se preocupe a partir de agora com a própria vida e se torne mais individualista e perca cada vez mais a noção de pertencimento a uma comunidade. O homem se torna mais disciplinador de seus próprios excessos, e a própria felicidade começa a ser controlada.

> "PENSO, LOGO EXISTO."
> *Rene Descartes, 1637*

Por volta dos séculos XII e XIII, surgem a burguesia e o renascimento comercial, que, por sua vez, dão espaço ao aparecimento do capitalismo. Desse modo, mesmo que a fé ainda estivesse presente na vida das famílias, a preocupação com o próprio sustento passou a direcionar o comportamento humano. Para que a produtividade dos chefes de família se ampliasse, era necessário que ele investisse um tempo maior na realização de suas próprias atividades e, assim, garantisse o sustento de sua família por meio de sua própria produção. Tal realidade fez com que esse trabalhador tivesse cada vez menos condições de dedicar seu tempo à realização de atividades sociais ou relacionadas à fé.

Durante os séculos os padres vão perdendo sua credibilidade e, de repente, todos se veem diante de um grande problema: enquanto no passado as pessoas estavam acostumadas a terem diante de si uma autoridade responsável por definir suas vidas e suas realidades, tal orientação se perde e a humanidade se sente confusa. Afinal, qual seria a razão da existência humana?

A partir daí já não existe segurança em nossas crenças no mundo espiritual e, na falta de uma certeza, a noção individualista do ser humano se amplia. Com ela também cresce a valorização do ego, afinal, a humanidade não deseja nenhum novo grupo no controle de sua vida.

Era como se disséssemos "Se existe alguém capaz de responder aos nossos anseios, então queremos provas concretas. Um método que possa nos levar a um consenso, testando e comprovando suas ideias". Assim, a valorização da ciência ao longo dos séculos é resultado da própria história.

No século XVII, Copérnico escreveu sobre sua visão heliocêntrica do Universo – e não mais geocêntrica. Já não havia qualquer dúvida de que o Sol e as estrelas não giravam em torno da terra. Sabia-se que a terra era apenas um pequeno planeta que habitava a órbita do Sol. Em 1616 a igreja católica declarou que essa teoria era absurda e baniu o trabalho de Copérnico. Aliás, o mesmo aconteceu com Galileu Galilei, que foi preso por também defender essa teoria.

No século XVIII nasceram dois movimentos que representaram um repentino golpe no mundo teocêntrico. O primeiro deles foi o movimento da razão chamado Iluminismo, onde tudo se criava através da observação e da experimentação dos fatos concretos da vida. Esse movimento procurou mobilizar o poder da razão, a fim de reformar a sociedade e o conhecimento herdado da tradição medieval. O segundo, influenciado pelos ideais do Iluminismo, teve um impacto duradouro na Europa e deu início à idade contemporânea: a Revolução Francesa.

É possível perceber que, cada vez mais o antropocentrismo (ou egocentrismo) domina a sociedade. Havia cada vez mais um espírito democrático e uma descrença geral nas crenças espirituais manchadas pela igreja. Os diversos métodos científicos teriam que, juntos, reordenar o mundo e descobrir como ele funcionava, dando à humanidade a razão para estarmos vivo, assim como o significado disso.

> "DEUS ESTÁ MORTO! DEUS PERMANECE MORTO! E QUEM O MATOU FOMOS NÓS! COMO HAVEREMOS DE NOS CONSOLAR, NÓS OS ALGOZES DOS ALGOZES? O QUE O MUNDO POSSUIU ATÉ AGORA DE MAIS SAGRADO E MAIS PODEROSO SUCUMBIU, EXANGUE AOS GOLPES DE NOSSAS LÂMINAS. QUEM NOS LIMPARÁ DESSE SANGUE? QUAL A ÁGUA QUE NOS LAVARÁ? QUE SOLENIDADES DE DESAGRAVO, QUE JOGOS SAGRADOS HAVEREMOS DE INVENTAR? A GRANDIOSIDADE DESTE ACTO NÃO SERÁ DEMASIADA PARA NÓS? NÃO TEREMOS DE NOS TORNAR NÓS PRÓPRIOS DEUSES, PARA PARECERMOS APENAS DIGNOS DELE? NUNCA EXISTIU ACTO MAIS GRANDIOSO, E, QUEM QUER QUE NASÇA DEPOIS DE NÓS, PASSARÁ A FAZER PARTE, MERCÊ DESTE ATO, DE UMA HISTÓRIA SUPERIOR A TODA A HISTÓRIA ATÉ HOJE!"
>
> *Friedrich Nietzsche, aproximadamente 1882*

A famosa frase de Nietzsche em *A Gaia Ciência*, proferida pelo personagem "O louco" é a representação máxima da época sobre o declínio da cultura religiosa baseada no poder maior. No texto, a ideia central da morte dos ideais divinos é colocada como uma provável calamidade, onde o homem não terá mais onde sustentar seus princípios. A humanidade terá de criar novos valores na condução da vida, abrindo assim um imenso novo mar de possibilidades.

Desse modo, ao mesmo tempo em que Nietzsche fala do perigo da vida sem Deus, ele também discorre sobre o nascimento de uma nova forma de afirmação da vida.

A FÉ DISFARÇADA

Como sabemos – e apesar de seus imensos avanços –, o novo método de exploração e comprovação do porquê da existência humana não conseguirá satisfazer os anseios da própria humanidade. Pelo contrário, nossa insatisfação com a vida aumentará cada vez mais.

Durante muito tempo nossa inquietude foi apaziguada pela certeza de que nossas perguntas seriam respondidas. Afinal a fé está a favor de um novo sistema. Aproveitamos a ciência e seus avanços como pacificadores da nossa pequena aflição. "Já que não obtivemos a resposta tanto desejada sobre o significado de nossa existência, por que não aproveitamos para melhorar nosso conforto e nossa segurança em relação à vida?"

Veja que, de uma forma ou de outra, as perguntas sobre a nossa existência sempre estiveram presentes em nossa vida. Seja através da religião ou da ciência, todo movimento que a humanidade fez foi em busca daquilo que seria mais confortável para si mesma.

No início do século XX novas revoluções deram sentido à visão mundana de vida. A revolução soviética de 1917, praticamente colocou a Igreja Ortodoxa como inimigo mortal do proletariado.

Todavia, mesmo com tantas revoluções, o sagrado e tudo aquilo que é místico sempre teve no homem uma presença muito forte. O sentido da fé nunca desapareceu, apenas ganhou novos formatos. Os movimentos ao longo dos séculos revelam, da mesma forma, o uso da fé como motriz da vida cotidiana. Mesmo as doutrinas anticlericais tinham amplitudes "religiosas". Seus discursos de vanguarda também buscavam encontrar a verdade absoluta e trazer a razão para o homem, ou seja, uma nova roupagem para a busca por significado, uma religiosidade "disfarçada". Simplesmente trocamos de Deus. O sentido da nossa vida antropocêntrica agora é a razão. Nosso foco está na busca absoluta por confortar nossa vida mundana. Não importa o preço, afinal isso é tudo o que nos faz sentido.

Ou seja, do século XVIII ao século XIX, nossa ideia de amplitude de vida com base na materialidade e no conforto tem somente se reafirmado. Com o surgimento da revolução industrial, concretizou-se não apenas os avanços da época, mas também um mundo muito mais alicerçado na matéria, no consumo e no conforto. Nesse momento, o mundo inaugurou um novo ritmo: o da produção.

Todos os avanços da humanidade nas áreas de ciência e tecnologia também resultaram da história. Todo caminho percorrido até aqui nos permitiu imensos benefícios advindos do foco colocado nesses âmbitos. Não há como negar isso, tampouco é possível refutar os malefícios desse estilo de vida.

Com tais avanços, não apenas percorremos o caminho do individualismo e da valorização do ego, mas também partimos para uma exploração extrema de nossos recursos naturais, pilhando tudo o que havia na terra para criar uma segurança material que substituísse a espiritual, que fora pedida pelo caminho.

O que temos agora são sistemas naturais à beira do colapso. Nosso impulso de consumir e conquistar mais a matéria está chegando ao limite do possível. Nas últimas décadas o mundo vem encarando cada vez mais esse paradigma, com a consciência de que já não é mais viável trilhar esse caminho.

QUERER MAIS

Há algumas décadas o acúmulo de bens materiais estava atrelado à segurança (mentalidade pós-guerra). Porém, ter apenas o suficiente para manter a segurança não satisfaria a lógica do mercado. Seria preciso vender ainda mais. Foi com essa ideia que o mercado publicitário ganhou espaço a partir dos anos 1950. A lógica era transformar o material de consumo em material de desejo e, assim, aumentar exponencialmente a demanda, transformando o acúmulo numa questão muito mais de status que de segurança.

Por diversos fatores, essa busca por acúmulo parece também ter chegado ao limite. Enquanto, até pouco tempo atrás, possuir uma casa de luxo, o carro do ano, roupas caras eram sinais de status, hoje tudo isso parece supérfluo. De fato, "O que as pessoas parecem estar percebendo é que isso é uma verdadeira burrice", diz o economista Jonathan Dawson, professor da Schumacher College, no Reino Unido. "Hoje, o que é cool é não ter". Já está provado por diversas pesquisas que o acúmulo material não traz felicidade. Pelo contrário, nos deixa mais tristes.

ASSISTA **"THE RISE OF LOWSUMERISM"**, DA AGÊNCIA BRASILEIRA DE TENDÊNCIAS E CONSUMO, BOX1824.

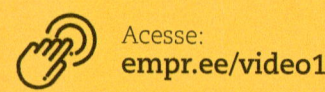

Acesse: **empr.ee/video1**

Nas empresas, e nos nossos trabalhos isso não é diferente. De fato, a situação só piora, pois nesse caso acabamos envolvendo centenas de pessoas numa busca frenética pela suposta felicidade financeira para a empresa. A desconexão entre o que se está buscando e aquilo que ganhamos é muito maior.

E o problema do foco somente no crescimento também afeta governos e países. A lógica do mercado não faz sentido em seus pontos centrais – de que aumentar o consumo traz mais crescimento econômico, o que, por sua vez, deveria promover mais bem-estar para o povo. Isso não acontece. Fazer o povo consumir, com a promessa de mais "felicidade" é uma atitude equivocada e, inclusive, já desmistificada. Crescer economicamente com base nisso já é um erro por si só. Aliás, isso apenas seria correto se tal crescimento fosse revertido em valores realmente importantes, como felicidade, plenitude, saúde, educação etc.

Na lógica atual, crescimento econômico também significa maiores gastos, maior e mais irresponsável uso de recursos ambientais, maior concentração de pessoas em metrópoles, assim como mais trânsito, mais poluição e, consequentemente, ainda mais infelicidade.

Mas essas questões pontuais não são as causas iniciais do problema, mas a consequência. Tendemos a achar que resolvendo isso alcançaremos finalmente uma vida tranquila. Se isso fosse verdade, os países com maiores índices de felicidade seriam os mais desenvolvidos, o que não é verdade.

Esses problemas advêm da nossa desconexão com o significado da nossa própria existência e da consequente substituição disso por uma vida baseada na matéria. Todo momento na história decorre dos caminhos que tomamos enquanto humanidade. E, como vimos aqui, foi essa desconexão que nos trouxe até esse ponto.

É óbvio que resolver nossos problemas de saúde, economia, meio ambiente, entre outros, é extremamente importante. Mas se não tratarmos da causa, ou seja, daquilo que está gerando o problema, é provável que eles voltem a aparecer de outra forma, em outras áreas da vida, e que nos façam continuar para sempre nesse círculo vicioso.

Nas empresas é muito comum enxergarmos isso acontecendo. Com frequência, ouço a seguinte reclamação: "estamos sempre apagando incêndios". Tudo isso porque, como veremos mais à frente, muitas empresas tentam resolver problemas práticos sem, entretanto, olharem para os níveis hierárquicos mais elevados, onde de fato está ocorrendo essa desconexão com o sentido existencial.

ASSISTA A PALESTRA TED
"QUER SER FELIZ, SEJA GRATO",
COM DAVID STEIND RAST.

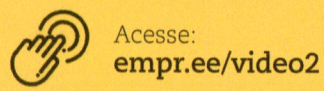

Acesse:
empr.ee/video2

PARA DEMONSTRAR QUE A LÓGICA DO CONSUMO NÃO FUNCIONA, DAVID STEIND RAST, UM MONGE QUE UNE OS TEMAS ESPIRITUALIDADE E CIÊNCIA, NOS REVELA A FÓRMULA DA INFELICIDADE:

MAIS TEMOS = MAIS QUEREMOS

GRATIDÃO É O QUE TRAZ FELICIDADE, NÃO O CONTRÁRIO. SER GRATO PELO QUE SE TEM É A CHAVE. UMA PESSOA (OU EMPRESA) QUE NÃO SE SENTE GRATA COM O AQUILO QUE TEM ESTARÁ FADADA À INFELICIDADE, POIS VIVERÁ SEMPRE CORRENDO ATRÁS DE ALGO MAIS.

NOSSA ERA

Gosto muito da denominação Era da Transcendência, citada por Rajendra S. Sisodia, David B. Wolf e Jagdish N. Sheth em seu livro *O Segredo das Empresas Mais Queridas*.

> "A ERA DA TRANSCENDÊNCIA É UM MOVIMENTO CULTURAL NO QUAL AS INFLUÊNCIAS FÍSICAS (MATERIALISTAS) QUE DOMINARAM A CULTURA NO SÉCULO XX ENCONTRAM-SE EM DECLÍNIO, ENQUANTO QUE INFLUÊNCIAS METAFÍSICAS (EXPERIMENTAIS) GANHAM VIGOR."

O livro continua com uma citação de Andrew Delbanco, professor de ciências humanas na universidade de Columbia: "A característica mais notável da cultura contemporânea é um anseio por transcendência jamais satisfeito. Este anseio por transcendência pode estar desempenhando um grande papel no processo de corrosão da certeza embasada na ciência. [...] Mais recentemente, visões mais subjetivas, embasadas na forma como as pessoas sentem, vêm ganhando maior aceitação".

E por toda parte há provas dessa busca por mais significado; por um valor maior pelo sentir do que pelo pensar; de uma maior espiritualidade; de maior conexão com o outro, e, consequentemente com a vida. O crescimento exponencial da procura por esses temas em livrarias, cursos ou treinamentos, deixa claro a mudança de nossa cultura, que busca informações sobre esse assunto. Tudo isso é reflexo da nossa eterna procura por responder à questão da nossa existência. Nosso tempo mostra a tendência natural de nos reconectarmos com as questões relativas à existência humana – como, aliás, já tentamos séculos atrás.

Apesar de ser extremamente fácil comprovarmos a volta dessa essência por meio de números e pesquisas, a maneira mais fácil de enxergá-la é reparando no mundo à nossa volta. Veja quais são as maiores influências da geração atual. Analise quem são os líderes mais influentes e o que eles estão falando. Sinta o mundo ao seu redor e perceba como ele está hoje.

Executivos e líderes não estão imunes a essas influências. Milhares de executivos, especialmente os mais influentes nos dias de hoje, defendem essa nova visão: de uma corporação mais humana. Embora busquem o lucro, ao mesmo tempo são movidos por aquilo em que acreditam; por aquilo que o coração lhes diz.

E isso não é algo que irá acontecer, mas que já está acontecendo. É somente uma constatação feita e sentida pelo coração. Você também não sente que o mundo está tomando um novo caminho?

1.2 - CONFLITOS E PROBLEMAS

"SE PASSARMOS NOSSA VIDA TENTANDO CONSERTAR ALGO QUEBRADO, ACABAREMOS QUEBRADOS NO PROCESSO."

Shane Koyczan

Embora tenhamos as descobertas científicas e os avanços tecnológicos como principais influenciadores da nossa cultura atual, outro fator desempenha um grande papel no remodelamento da nossa sociedade: o "envelhecimento" do mundo. Atualmente, há um número muito maior de pessoas na faixa dos 30 aos 50 anos que no passado. O que isso significa?

Há uma idade do ser humano em que é natural o indivíduo começar a se questionar. São perguntas do tipo: "O que estou fazendo aqui?", ou "Qual o sentido de tudo isso?". Essas dúvidas costumam surgir naturalmente na meia idade. Nessa época as pessoas normalmente já testaram o bastante suas carreiras; os filhos já nasceram e as famílias já começaram a se constituir. É natural, portanto, que nesse período aconteçam transformações profundas de personalidade nas pessoas que enfrentam tudo isso.

Antigamente, como o mundo era composto em sua maior parte por jovens, essa busca pelo sentido da vida não exercia tanta influência. Hoje, entretanto, com a idade média da população subindo cada vez mais, essa procura por significado está influenciando cada vez mais o sistema como um todo.

Há também, um conflito intrínseco às diferentes gerações. Os jovens de hoje têm a mente mais livre que antigamente, desobrigada das preocupações que tanto ocupavam as antigas gerações. De certa forma, esses jovens estão mais atentos à consciência do mundo. Veja como fica o convívio desses dois mundos ao imaginar uma cena comum nos dias de hoje:

Uma empresa de tecnologia que possui como Produto Estrela[2] uma televisão moderna. Há 5 anos, 90% dos resultados dessa companhia vinham da comercialização dessa TV. Para não ficar obsoleta e obedecendo aos ensinamentos de marketing, essa empresa lança todo ano uma nova versão desse aparelho e enche seus cofres. Estamos falando de uma empresa de mais de 30 anos de vida, criada por Fulano aos 27 anos (hoje com 57). Na época em que ele nasceu, em 1969, as "tecnologias mais celebradas" ainda eram o micro-ondas (que entrara no mercado em 1967) e a TV de tubo colorida (que surgira nos EUA ainda antes, na década de 1950). Parte das telecomunicações ainda dependia de centrais telefônicas e demorava minutos para se conseguir estabelecê-la. Seus pais viveram a guerra e aprenderam (e repassaram) valores como "economia e segurança": "Trabalhe para obter segurança e ser capaz de prover a sua família com tudo que é necessário para sustentá-la".

Com essa educação é fácil entender as crenças desse empresário, que acredita que é o trabalho que enaltece o homem e que para se ter tranquilidade na vida é preciso trabalhar muito. Todavia, enquanto o Fulano toca sua empresa, diversos funcionários na casa dos 20/30 anos, escondem suas insatisfações com relação ao ambiente em que vivem.

Vamos tomar como exemplo um jovem de 30 anos, que está trabalhando na mesma empresa há 5 anos. Ele iniciou sua carreira na companhia como estagiário e, por competência, se tornou gerente há 1 ano. Essa pessoa nasceu no meio da década de 1980. Foi criado por pais um pouco mais liberais que os primeiros citados acima, nascidos no pós-guerra (baby

---

[2] Referência a um dos quadrantes da Matriz BCG, uma análise gráfica desenvolvida por Bruce Henderson para a empresa de consultoria empresarial americana Boston Consulting Group, em 1970. Fonte: Wikipédia. Acessado em 28/08/2017. (N.A.)

bommers). A crença desses pais se formou durante uma fase de valores associados à liberdade – à quebra de paradigmas –, nos anos 1960 e 1970, quando o rock, a anticultura hippie, a bossa nova (entre tantas outras novas formas de expressão) estavam em voga.

Essa criança aprendeu com os pais a importância do trabalho, mas também da própria satisfação, ficando assim com valores mais livres no mundo. Essa é a pessoa que, trabalhando na empresa acima citada, pode, ao mesmo tempo, alcançar sucesso no trabalho sem se mostrar satisfeita com isso.

Ainda estamos usando exemplo de valores estabelecidos há 20 ou 30 anos. Imaginem agora uma cultura nascida nos anos 1990. A geração Z é nativa de um contexto 100% digital, com acesso a informações de um jeito que jamais vimos. Além disso, ela já não possui valores ligados ao ambiente de trabalho, da forma como foi um dia. Essas pessoas gostam de contribuir e trabalhar por causas maiores. Veja o contexto dessa geração:

- *Possui reações imediatas e é propensa a engajar-se, desde que possua interesses comuns e se sinta coparticipante de uma causa maior.*

- *Coopera com o mundo por meio dos próprios dispositivos, ou seja, está conectada com ações globais e se sente parte disso, mas age localmente.*

- *Deseja e aceita conteúdos de entretenimento gratuitos. Esses jovens cresceram consumindo conteúdos interativos na internet, assistindo a programas voltados para a diversão e tendo acesso a uma intensa cultura de jogos e videogames.*

- *Essa geração é extremamente transparente. Cresceu com alta e constante exposição a informações realistas (como violência e sexo); está acostumada ao frenético compartilhamento de intimidades, todo o tempo. Assim, é normal para o indivíduo que faz parte dela falar de assuntos abertamente.*

É nítida a diferença de valores entre os públicos aqui apresentados. Jogue todas essas realidades dentro de uma única empresa e entenda porque essa corporação, da forma como a conhecemos, poderá viver em constante desarmonia.

Importante ressaltar aqui: não há certo nem errado. O que estou tentando reforçar é o surgimento de um novo contexto mundial. A realidade dessa nova geração é a realidade desse novo mundo. Cabe às empresas, aos governos e a outras corporações se adaptarem a essa nova realidade.

O mundo dos negócios da forma como está tem seus dias contados. É preciso mudar nossa consciência.

Isso não é difícil em nenhum aspecto. Todos os meus clientes relatam um prazer enorme em fazer mudanças que tenham a ver com um propósito maior. Esse propósito, como veremos mais para frente, está associado a duas ideias: 1- expressar nossas paixões com mais frequência; e 2- transformar tais paixões em um trabalho que faça bem ao outro. Estamos falando em sermos mais felizes. E esse é um padrão que todas as gerações buscam; um trabalho em que os propósitos estejam alinhados – onde a paixão é o que move os resultados.

Como fazer isso é o que abordaremos mais à frente.

A PALESTRA TED A SEGUIR É UMA DAS QUE MAIS ME ENCANTAM, ALÉM DE UM DOS TRABALHOS QUE MAIS ME INFLUENCIOU.

VIDA COM *propósito*

RICK WARREN É UM DOS LÍDERES ESPIRITUAIS MAIS INFLUENTES DA AMÉRICA. ELE TAMBÉM É AUTOR DE UM DOS LIVROS SOBRE PROPÓSITO MAIS VENDIDOS ATÉ HOJE. DURANTE ESSE TED, DE 2006, ELE NARRA O QUE ENCONTROU (E QUE JUSTIFICOU O GRANDE SUCESSO DO SEU LIVRO): UM VAZIO ESPIRITUAL. DE FORMA DESLUMBRANTE, ELE FALA DO CONTEXTO QUE DISCUTIMOS ATÉ AQUI E TAMBÉM DE UMA LINHA BASTANTE COINCIDENTE COM O PROPÓSITO DESTE LIVRO.
MUITO DO QUE É FALADO NESSA PALESTRA TED SERÁ TRATADO AQUI. VALE RESSALTAR QUE A FILOSOFIA DE VIDA DE WARREN (E NÃO ESTOU FALANDO DE FILOSOFIA RELIGIOSA) É INSPIRADORA PARA EMPRESAS QUE QUEREM ADENTRAR O CAMINHO DA ESPIRITUALIDADE.

ASSISTA A PALESTRA TED
"VIDA COM PROPÓSITO",
COM RICK WARREN.

Acesse:
empr.ee/video3

1.3 - HISTÓRIA DO *MARKETING* E DOS NEGÓCIOS

Quem tem a mente um pouco mais provocadora costuma se perguntar se aquilo ao que estamos acostumados é realmente o mais inteligente e até o mais necessário. Por isso, é importante esclarecer que a forma que conhecemos de fazer negócios é bem nova na história do mundo e, para surpresa de muita gente, não é a única que funciona. Não é o intuito desse livro tecer qualquer julgamento sobre sistemas econômicos, escolhendo o bom e/ou o ruim. O objetivo é compreender os sistemas anteriores e, ao mesmo tempo, os fundamentos da economia atual. Desse modo, será possível entender para aonde estamos indo e quais elementos ao longo da história são capazes de nos ajudar no processo de mudança.

De fato, o atual modelo utilizado para se fazer negócios só surgiu nos últimos séculos, quando a atividade comercial se dinamizou pela introdução do escambo a partir do século XVI.

Vamos agora voltar um pouco no tempo, passando rapidamente pela história e compreendendo a maneira como a sociedade era conduzida. Em 10.000 a.C. a existência humana baseava-se na colheita daquilo que se cultivava na natureza. Não existia o senso de propriedade, uma vez que a produtora mãe era a própria Terra. Assim, as culturas seguiam aquilo que o clima e as condições gerais permitiam. Aos poucos, mudanças climáticas naturais tornaram a região central da terra menos fria, o que permitiu o surgimento dos campos de plantações (trigos, cevadas etc.). Uma vez que a roda ainda não havia sido inventada, tampouco os animais eram usados para o transporte, as aldeias existiam somente perto das plantações. A agricultura se estabeleceu definitivamente em 6.500 a.C. Assim, todo o período Neolítico é marcado por essa "pacífica existência" social, em que prevalecia um senso de pertencimento à mãe terra.

Para contextualizar, o livro *A Cama na Varanda*, de Regina Navarro, nos traz um ótimo relato desse período:

> "NA ARTE NEOLÍTICA, EM VEZ DE REPRESENTAÇÕES DE GUERRA, SEPULTAMENTO DE CHEFES DE GRUPO OU FORTIFICAÇÕES MILITARES, HÁ A PRESENÇA DE SÍMBOLOS, ADMIRAÇÃO E RESPEITO PELA BELEZA E PELO MISTÉRIO DA VIDA [...] O OBJETIVO DA VIDA NEOLÍTICA NÃO É A CONQUISTA OU O DOMÍNIO, NEM É O DE EXIGIR OBEDIÊNCIA, PUNIR E DESTRUIR, MAS, AO CONTRÁRIO, O DE DAR. É O CULTIVO DA TERRA E O FORNECIMENTO DE MEIOS MATERIAIS E ESPIRITUAIS PARA UMA EXISTÊNCIA SATISFATÓRIA. A AUSÊNCIA DE IMAGENS DE DOMINAÇÃO OU GUERRA REFLETE UMA ORDEM SOCIAL EM QUE HOMENS E MULHERES TRABALHAVAM JUNTOS EM PARCERIA IGUALITÁRIA, EM PROL DO BEM COMUM."

Essa mentalidade é oposta à que temos construído nos últimos séculos. Embora no passado não existisse o conceito de propriedade, ou seja, do que era meu e do que pertencia ao outro, vivemos mais de 10.000 anos em condições mais pacíficas, sem precisar inserir conceitos como de propriedade, valor, comércio ou troca no "fluxo econômico da vida".

Aliás, não há como encaixar o conceito de *marketing* ou até mesmo de outras ferramentas naquela época, pelo menos não da forma como os conhecemos. Afinal, se não havia percepção de "propriedade", não existia percepção de troca. E se não existia troca, não havia comércio, e muito menos *marketing*.

Se considerarmos um tempo em que aquilo que era consumido era exatamente o que era produzido, também inexistia a percepção de escassez. A natureza era considerada a dona de toda produção, e o homem tinha o "direto" de colher aquilo de que cuidou.

É óbvio que tivemos enormes avanços em diversas áreas da nossa vida nos últimos séculos. Precisamos olhar para todos esses benefícios e dar valor a eles, mas é importante, ao mesmo tempo aprimorarmos aquilo que não nos é útil. Dentro do movimento que estamos vendo surgir, diversos modelos utilizados na antiguidade parecem ótimas referências para o futuro.

Como já foi dito, é importante entender que a lógica de mercado da forma como a conhecemos hoje não é (e nunca foi) a única a dar certo. Na alvorada de um mundo onde a visão do "nós" é cada vez mais importante que a visão do "eu", as formas de empreender vão mudar. As teorias de administração e *marketing* que conhecemos hoje poderão deixar de fazer sentido numa nova cultura.

O MARKETING COMO FERRAMENTA

O *marketing* como ferramenta só aparece quando os conceitos de comércio e troca começam a existir. O crescimento do capitalismo e o consequente fortalecimento dos objetivos de gerar riquezas e acumular bens materiais, também irão valorizar as ferramentas econômicas conhecidas na atualidade.

Porém, tais conceitos podem ser encontrados ao longo de todo o desenvolvimento das civilizações.

- *No século XIII, São Tomás de Aquino e seus seguidores desenvolveram o que provavelmente foi a primeira análise formal das motivações dos consumidores;*

- *No século XVI, o comportamento humano foi considerado o foco na relação comprador-vendedor;*

- *Nos séculos XVII e XVIII surgiu o mercantilismo, no qual o comerciante era a figura principal.*

Nos séculos XVIII e XIX a história prosseguiu com um aumento da produção, dessa vez baseada na demanda existente. A preocupação maior era atender às classes consumidoras da região. Mesmo com esse crescimento, durante essas épocas ainda não havia preocupação com a concorrência, tampouco com a exigência dos consumidores. Também não existia qualquer reivindicação por melhores padrões de qualidade. A população consumidora possuía parâmetros bem simples, mesmo nas classes mais altas.

Porém, para que esse sistema industrial se estabelecesse era importante garantir um crescimento da produção. Isso só seria possível à medida que se garantisse também um crescimento da demanda. Por conta disso, os anseios do consumidor começaram a ser levados em conta até mesmo no planejamento da produção. Somente quando isso aconteceu – agregado à necessidade crescente por parte do empresário de encontrar mercado – é que foi preciso utilizar ferramentas mais estratégicas como o *marketing*, que buscassem uma visão de longo prazo e que se adequassem às mudanças de mercado.

> "A gestão empresarial deu um grande salto à frente no início do século XX, quando Frederick Winslow Taylor introduziu a disciplina científica nas práticas administrativas em sua obra Scientific Management (1911). Alfred P. Sloan inventou a corporação nos moldes modernos depois de tornar-se presidente da General Motors, em 1923. Em 1921, John Watson, chefe do departamento de psicologia John Hopkins e fundador da escola behaviorista de psicologia, ligou-se à agência de publicidade J. Walter Thompson para criar o primeiro centro de pesquisa de consumo no país. A ciência agora fortalece todo o espectro empresarial, desde o design de produto e gestão organizacional até pesquisa e marketing de consumo. Desde que Ransom Olds criou a primeira linha de montagem (não, não foi Henry Ford o seu criador; ele apenas mecanizou a linha de montagem criada por Olds), o enfoque operacional das empresas tem sido na realização de constantes melhorias da produtividade – para obter cada vez mais a partir de cada vez menos."
>
> Rajendra S. Sisodia, no livro Os Segredos das Empresas Mais Queridas

As ferramentas de gestão foram se desenvolvendo principalmente conforme os critérios dos consumidores começaram a se transformar. Na segunda metade do século XX, a rápida mudança da sociedade também impôs ao *marketing* um aceleramento em sua adaptação ás novas realidades. Estamos falando de um período que abrange desde o aparecimento dos *shoppings centers*, supermercados e *franchisings* até o avanço tecnológico da década de 1990. Este foi marcado pela popularização da Internet – que mudou radicalmente os conceitos conhecidos de fazer negócios.

Com o crescimento constante da produção e a geração da demanda, o *status* social garantido pela posse de bens e o próprio materialismo atingiram seu ápice. Importante ressaltar que, na mesma proporção, nossa qualidade de vida, nosso bem-estar e diversos outros aspectos do nosso dia a dia melhoraram incrivelmente, ao mesmo tempo em que o custo de vida diminuiu.

Nas últimas décadas, entretanto, tem se revelado um abuso da produção e o consequente atingimento de um limite. E esse é um caminho com o qual a humanidade não parece disposta a continuar concordando. A tendência é de que paulatinamente o novo *status* esteja num consumo consciente. Ou seja, a demanda começa a se alterar novamente.

MARKETING SOCIAL

No fim da década de 1980 e início dos anos 1990 surgem os primeiros indícios do *marketing* como ferramenta social. Trata-se do *Marketing Societal*, cujo foco era vender o bem-estar para a sociedade.

Neste sentido, ele começou a modelar uma nova realidade / oportunidade de mercado, revelando-se muito mais preocupado com a obtenção de um diferencial competitivo que, genuinamente, com o aspecto "social".

Conforme o indivíduo foi se tornando mais consciente – como observado no capítulo anterior –, as ciências econômicas passaram a caminhar de mãos dadas com essa nova realidade. Estratégias voltadas para diversas formas de sustentabilidade começam a ganhar vida.

O que não ficou claro até o final do século passado foi que essa "nova forma de pensar" – voltada para o mundo – deveria estar no âmago de nossas empresas, e não apenas existir na forma de uma estratégia ou de um diferencial competitivo. Para que a empresa se sustente ela precisará refletir esse novo raciocínio, afinal, nenhuma companhia sobrevive desprovida de significado e propósito.

NOVOS NEGÓCIOS

O que a própria história nos mostra é uma mudança (ou um resgate) no paradigma daquilo que construímos como negócios. Os conceitos de *marketing* que estão mais em destaque na última década são aqueles que possuem como eixo central o encontro das empresas com aquilo que é mais verdadeiro para cada uma delas, ou seja, com a sua essência, sua "razão de ser, seu "porquê".

A história também nos revela que as empresas que estão em evidência hoje são exatamente aquelas que conseguem fazer isso. Isso porque, além de serem "as empresas mais queridas", elas também estão entregando resultados exponenciais para todos os envolvidos.

A própria ferramenta de *marketing* tomou um novo rumo, modelando-se a esse resgate, àquilo que é melhor para o mundo. Em relação ao modelo de *marketing* baseado em propósito, o próprio Philip Kotler disse: "Em minha carreira já vi vários modelos de *marketing* surgirem e morrerem. Esse veio para ficar".

Nossas empresas também estão se libertando do conceito de "trabalhar para sobreviver", onde somente o que importa é o ganho monetário (mesmo que isso custe a nossa felicidade). Talvez a Google seja o maior exemplo de preocupação com seus colaboradores. Por causa disso ela busca engajar não somente seus funcionários, mas o mundo todo, e demonstrar que é plenamente possível agregar um ambiente feliz a ótimos resultados.

Precisamos unir todos os benefícios conquistados na nossa era àqueles de modelos mais antigos, baseados não na conquista e no domínio, mas simplesmente na nossa capacidade de "dar". Temos de aprender a consumir aquilo que produzimos sem desgastar o meio ambiente; a não mais nos conduzirmos pela ganância, mas pelas nossas paixões. Está na hora de nos deixarmos levar pelo amor, e não mais pelo medo.

RECAPITULANDO

A história nos revela claramente quais tendências culturais nos guiarão daqui para frente. Entramos numa nova era: a Era da Transcendência. Nosso planeta recobrou a consciência e isso está se espalhando mais rápido do que imaginamos possível. É mais saudável acordar e seguir o fluxo universal.

Se analisarmos os contextos históricos, entenderemos os padrões de pensamento que nos levaram ao ponto em que estamos nesse momento. Segundo a espiritualidade, nos guiamos por dois sentimentos: o medo e o amor. Aquele que cresce dentro de nós é aquele que alimentamos. Uma sociedade que perdeu o contato com o coração dificilmente será orientada pelo amor. O que estamos passando hoje resulta de uma somatória de fatores. Foram 600 anos ao longo dos quais o medo foi o sentimento alimentado. E tão alimentado, aliás, que se transformou em "medo de viver" – um produto representado por diversos outros medos mascarados, como o do abandono, da sobrevivência com escassez de recursos, do fracasso, entre tantos outros.

Veja só onde estamos: todos os pilares que construímos se fundamentam no medo: famílias nascidas durante tempos de guerra ou indivíduos educados por pais que, de algum modo, sentiram a guerra na própria pele; um sistema educacional que nos aprisiona; um mercado de trabalho receoso, que gira em torno somente de ganhar dinheiro e lutar para não ser mandado embora; uma sociedade constantemente amedrontada pela desconexão com o todo.

As empresas, de um modo geral, foram as instituições que mais tomaram o caminho do medo. Essa alma coletiva vibra pelo medo. É como se em cada função estivesse decretado "trabalhe para não ficar desempregado".

Parece que o motivo para a existência das empresas é "fazer o dinheiro rodar". Pouco importa de que maneira ou quem faça isso. Paira no ar uma energia gananciosa. O que as pessoas começam a entender – e o conceito que elas precisam observar como o mais óbvio do mundo – é que: essa energia não é somente destrutiva para quem a utiliza, mas está definitivamente fadada ao fracasso.

É bem verdade que a ganância trouxe as empresas até aqui, mas poderá também levá-las, cada vez mais, a um declínio. Se quisermos que o céu seja o limite, teremos de ver o mundo por outros olhos.

> *"A nova economia conectada exige sacrifícios diferentes e proporciona um tipo diferente de zona de segurança, na qual não estamos cercados pelo mercado de massa, mas pelo estranho; por alguns poucos que realmente se importam com o que somos capazes de fazer. Essa economia exige que tornemos os logaritmos cada vez mais rápidos – fazendo não só o trabalho de tornar o mesmo widget mais rápido e mais barato, mas também de conectar, divertir e impressionar com nossos sonhos mais vívidos."*
>
> Seth Godin, no livro A Ilusão de Ícaro

Assim, procure adotar um olhar novo. Veja as organizações da maneira como um jovem engajado dos dias de hoje costuma vê-las. Somente o sucesso financeiro não é suficiente. Procure a mistura ideal. Faça com que a cabeça e o coração trabalhem juntos.

Está na hora de criar novos hábitos, novos *mindsets*. A nova cultura conectada nos permite alcançarmos níveis até então impossíveis. Toda oportunidade está à distância de poucos cliques. Não há mais resistência, não há mais o que temer.

SEJAMOS MAIS FOLHAS EM BRANCO.

ESTÁ NA HORA DE REESCREVER TUDO. PARA ISSO, ESPAÇOS A COLORIR NÃO VÃO AJUDAR. PRECISAMOS DE MAIS FOLHAS EM BRANCO. SEJA UMA FOLHA EM BRANCO. OS TRAÇOS DAS CULTURAS E DOS ENSINAMENTOS NÃO VÃO TE GUIAR. NINGUÉM PODE FAZER ISSO. SEU TRABALHO, SUAS MÚSICAS, SUAS CONDUTAS, SEU LAZER. NADA ESTÁ DECIDIDO. ESTE LIVRO QUE AINDA NEM COMEÇOU, NÃO TEM FIM. NUNCA TEVE. NUNCA TERÁ. NADA PODE DAR ERRADO. ESQUEÇA O QUE TE FALARAM SOBRE DINHEIRO. SOBRE AQUILO QUE VOCÊ GOSTA DE FAZER E SONHA. NINGUÉM SABE DE NADA. ESSE LIVRO É VELHO E NÃO É SOBRE VOCÊ. TAMPOUCO ELE FALA SOBRE NOSSO MUNDO. ESSE NOVO MUNDO PRECISA DE NOVOS AUTORES. VOCÊ É UM DELES. PARA ISSO, SEJA UMA FOLHA EM BRANCO.

PARTE 2

A CONSTRUÇÃO DO TRABALHO E DE EMPRESAS MELHORES

Comecemos com uma premissa básica: todas as empresas têm características similares em comparação com as nossas. Elas enfrentam um caminho de crescimento, repleto de percalços e mudanças, de altos e baixos. Elas também possuem personalidade, uma identidade própria que as diferencia de todas as outras.

E toda empresa também possui seu propósito específico; sua razão de existência, sua identidade, ou o que alguns chamam de "missão". Como no caso de cada um de nós, a descoberta de todos esses fatores pode ser um processo bastante desafiador e, com certeza, muito gratificante.

Na vida estamos em constante movimento, evoluindo e aprendendo conforme o jogo vai se desenrolando. Durante essa jornada nos aprimoramos em diversos aspectos, e, cada vez mais, vamos nos conectando com aquilo que nos faz mais feliz – com a nossa razão de viver.

Uma empresa é a soma da energia e do trabalho de diversas pessoas. Alinhar esse verdadeiro emaranhado de elementos é, sem dúvida, o que se pode fazer de mais importante por si mesmo e por sua empresa.

Diversas pessoas e empresas já trilharam esse caminho do autoconhecimento. Com isso elas comprovaram os benefícios de se entender o "sentido" da existência. O objetivo aqui é ajudar cada empresa (e cada empreendedor) a descobrir seu próprio sentido.

Por experiência própria, essa descoberta se torna muito mais eficiente (e rápida) com a ajuda de uma pessoa de fora do sistema. A presença de um consultor focado na área de transformações corporativas, descobertas, despertares etc., ajuda muito nesse processo. É muito difícil para quem está no meio de um furacão adotar um olhar diferente e/ou vislumbrar horizontes que há tempos estão escondidos dentro de si.

> "A EXPERIÊNCIA É UMA LANTERNA DEPENDURADA NAS COSTAS, QUE APENAS ILUMINA O CAMINHO JÁ PERCORRIDO."
>
> *Confúcio*

O que veremos a seguir é a proposta de um novo olhar sobre nossas organizações e nosso trabalho. Sugiro alguns passos que irão auxiliá-los não apenas na busca por um trabalho com maior qualidade e significado, mas, ao mesmo tempo, na construção – ou reconstrução – de uma (nova) empresa, que esteja mais alinhada com um propósito saudável.

O objetivo de tudo isso é (re)encontrar um significado para o nosso trabalho, de forma que possamos transformar nossas organizações em locais mais humanos e felizes, capazes de ajudar o mundo e a nós mesmos, gerando resultados positivos para todos.

Neste sentido, iremos primeiramente reforçar alguns pontos mais centrais para que o trabalho a seguir se desenvolva com eficiência.

ABRA A CABEÇA E O CORAÇÃO

A base dessa (re)construção é o Amor. Durante todo o processo de (re)descoberta é superimportante estar aberto a todo tipo de informação, seja ela de caráter racional ou sentimental. Procure estar aberto a sentir o que tiver de sentir: tristeza, alegria, paz etc. Isso significará apenas que seu coração está vivo e fazendo o trabalho que precisa ser feito.

Não se limite ao que lhe parece confortável e conhecido. Se novas filosofias surgirem, abrace-as. Faz parte da experiência se atirar de cabeça na vida. Só assim você estará apto a conhecer novos caminhos e saber quais são os melhores para você. Só descobrimos o que nos serve – ou não serve – quando o experimentamos.

[
Se você quiser obter resultados diferentes dos que tem hoje, precisará fazer e pensar diferente. Isso significa que provavelmente não concordará com o que lhe será sugerido aqui, ou não o achará tão importante. E é aí que você se verá aprisionado nos mesmos resultados.
]

Não há certo ou errado. Há somente aquilo que você quer. Estamos falando de paixão, de coragem – de agir com o coração. Nos últimos séculos fomos ensinados e condicionados a valorizar aquilo que é racional e lógico, mas, ao mesmo tempo, está desalinhado com aquilo que realmente somos. Nossas empresas costumam ser o contrário daquilo em que acreditamos. Libertar-se disso é desafiador, todavia, essa descoberta precisa passar por esse momento de rompimento, de liberdade. Entretanto, para que nosso coração possa se abrir é preciso que nos livremos da armadura que vestimos.

Perguntas são muito bem-vindas, e se revelam as maiores incentivadoras do conhecimento. Quem somos nós? Para que existem nossas empresas? Por que acordo todos os dias para fazer o que faço? O que eu sei sobre minha empresa? O que eu não sei?

MOMENTO DE DESCONEXÃO

Assim como nós, durante a vida nossas empresas passam por processos de transformação. Isso, entretanto, nem sempre nos leva pelo caminho desejado. É supercomum que líderes empresariais sigam o fluxo, conforme os resultados vão sendo obtidos. Não há nada de errado nisso, porém, tal atitude acaba gerando uma desconexão entre aquilo que serve de base para a nossa missão e o nosso trabalho, e aquilo que leva somente ao resultado final (geralmente de caráter financeiro).

Vejamos a seguir o processo desse Momento de Desconexão onde, diversas vezes durante nossa jornada o caminho trilhado difere daquele desejado.

FIGURA: MOMENTO DE DESCONEXÃO

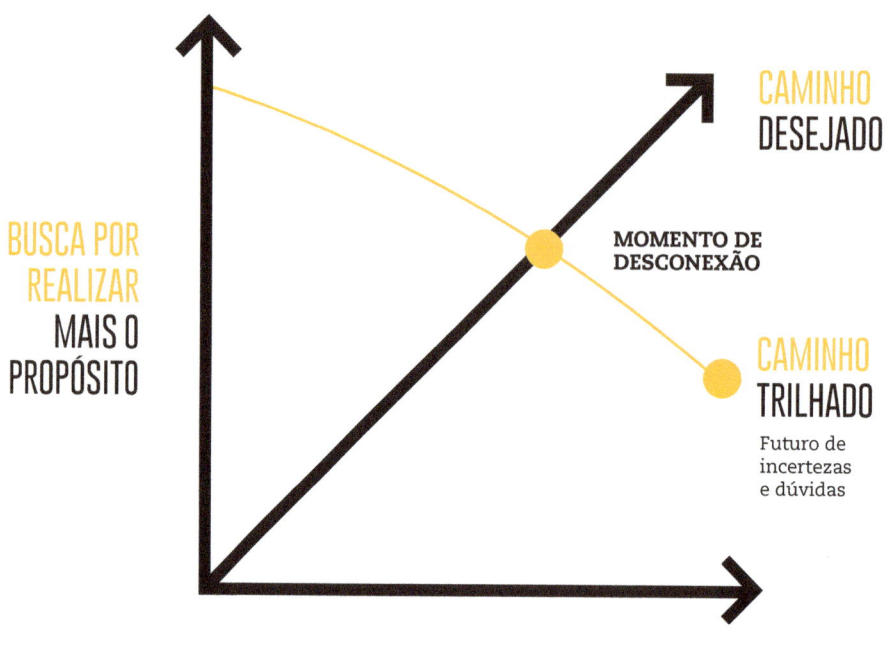

BUSCA POR REALIZAR MAIS O PROPÓSITO

CAMINHO DESEJADO

MOMENTO DE DESCONEXÃO

CAMINHO TRILHADO
Futuro de incertezas e dúvidas

BUSCA POR MAIS RESULTADOS FINANCEIROS

Geralmente, um problema acontece no momento em que seguimos um caminho somente focado no resultado financeiro, desconectado de nossos propósitos. Nasce uma crença de que aquilo que desejávamos, que tínhamos como sonho, não traz resultado. É como se uma coisa anulasse a outra ou seguíssemos por caminhos diferentes. Essa é uma crença limitante e inventada. Afinal, quantas empresas que conhecemos conseguem fazer ambas as coisas?

Para piorar, essa é uma crença bastante enraizada em nossa cultura, com frases do tipo: "Isso não vai te dar futuro, trabalhe por algo que dê dinheiro". Em nossa vida, tal crença pode nos fazer seguir caminhos desconexos em relação àquilo que está em nossa essência.

    Olhe para trás e veja quanta coisa mudou em você. Perceba quantos sonhos você já teve e/ou quantas coisas gostaria de fazer, mas passou a maior parte dos últimos anos correndo atrás de coisas pouco atreladas a essas paixões. Se você possui dentro de si uma dessas crenças limitantes – de que "trabalhar com o que ama não dá dinheiro", por exemplo –, é bem provável que também acredite que seu trabalho e seu sonho são incompatíveis.

    É importante entender que esse processo de desconexão é todo construído em cima dos nossos medos, não de nossas paixões. Assim, inicia-se um trabalho em que nos livramos daquilo que sonhamos em fazer em nome somente de resultados e segurança.

    O momento de desconexão pode não ser como um estalo, tampouco se apresentar na forma de um evento destacado. Geralmente esse desligamento vai ocorrendo ao longo do tempo, até que os caminhos da proposta original e do foco nos resultados se cruzam, seguindo por direções quase que contrárias. O que acontece muitas vezes é que as empresas precisam encarar momentos de choques. Diversos sintomas começam a mostrar que o caminho adotado já não está mais funcionando. Nesse momento costumo ouvir vários comentários, do tipo: "Não sei o que está acontecendo" ou, de forma mais prática, "Vendo tantos produtos/serviços que já não sei mais em qual me concentrar", ou ainda "Estamos perdidos". A sensação de estar perdido acontece justamente porque o caminho escolhido não leva mais aonde desejamos. Junto a isso diversos outros sintomas vão aparecendo: empresa e funcionários infelizes, diminuição da carteira de clientes, problemas que se repetem no dia a dia, alto *turnover* (rotatividade) de funcionários, entre outros. Continuando com as metáforas, é como se, perdidos, convidássemos diversas outras pessoas a pegarem carona conosco. Nesse caso, nada mais lógico do que vermos pessoas pulando fora do barco durante o percurso, afinal, essa é a viagem mais confusa que alguém poderia fazer.

LÍDERES AUTOCONSCIENTES

"ANTES DE MUDAR O MUNDO, DÊ TRÊS VOLTAS DENTRO DE SUA CASA."

Provérbio Chinês

Para encontrar nosso caminho rumo a um trabalho mais pleno, é imprescindível que primeiramente encontremos a nós mesmos.

Deparo com muitas pessoas que ao se interessarem por um caminho mais próspero, logo dizem: "Mas eu não sei exatamente qual é o meu propósito". Existe ainda um outro grupo – que abriga a maioria, de acordo com minhas experiências – que declara missões e propósitos para suas empresas, mesmo quando estes não ressoam na alma. Gosto de dizer que elas estão no momento de "pensar pequeno".

Isso acontece porque durante toda a nossa vida fomos condicionados a usar uma venda para não enxergarmos aquilo que é o mais importante. Nós nos cegamos para a verdadeira realização.

Entretanto, quando entramos em contato com a nossa verdadeira essência, toda motivação do mundo reaparece. Isso porque a razão da existência é algo tão realizador que, de fato, é a única coisa que realmente nos importa.

Mas por que é tão difícil enxergarmos isso? Porque durante a nossa vida, na tentativa de vivermos mais felizes, nós nos acostumamos a nos blindar para os desafios que se apresentam à nossa frente. Passamos por momentos difíceis e nos protegemos com uma armadura feita de diversos sentimentos: raiva, ansiedade, medo, isolamento, entre outros. Entender a composição dessa armadura é essencial para entrarmos em contato com a nossa essência. Contudo, isso somente acontece quando tomamos o primeiro passo nessa investigação sobre nós mesmos. Quando, como líderes, somos capazes de entrar em contato com a nossa alma e com a própria razão do nosso trabalho.

Assim, identificar o que nos afastou daquilo que somos é o primeiro passo para (re)construírmos empresas melhores. No entanto, entre a descoberta e o processo de mudança pode haver um longo caminho a percorrer. E esse é mais um motivo para estarmos conectados com o amor pelo trabalho.

Usar as ferramentas e os programas de autoconhecimento, desenvolvimento e transformação disponíveis no mundo é algo extremamente benéfico no sentido de realizarmos um trabalho muito mais feliz, transformador (do mundo) e concretizador de sonhos.

UM LIVRO LINDO SOBRE PROPÓSITO É O DE SRI PREM BABA,
PROPÓSITO – A CORAGEM DE SER QUEM SOMOS.

"Por isso tenho dito que a maior conquista da humanidade não diz respeito aos avanços científicos, mas sim à capacidade de identificar o que foi negado e aprender a lidar com a natureza sombria. A capacidade de tratar a dor. Mesmo com todo o desenvolvimento tecnológico e o acúmulo de dinheiro, ainda não aprendemos a lidar com a raiva, o ciúme, a inveja, a frustração... Portanto, considero algo realmente valoroso para o ser humano aprender a enfrentar esses conteúdos.

[...] ao mesmo tempo em que existe a necessidade de aprender e crescer através do sofrimento, há também uma incapacidade de lidar com a dor. Esse paradoxo tem gerado um sofrimento desnecessário, por isso eu digo que se há algo de real valor nesse mundo é o autoconhecimento. Esse é o caminho."

2.1 - NÍVEIS NEUROLÓGICOS

"A SOLUÇÃO DE UM PROBLEMA ESTÁ EM UM NÍVEL SUPERIOR ÀQUELE EM QUE O PROBLEMA FOI CRIADO."
Albert Einstein

FIGURA: PIRÂMIDE DE NÍVEIS NEUROLÓGICOS

- ESPIRITUALIDADE
- IDENTIDADE
- CRENÇAS E VALORES
- CAPACIDADE
- COMPORTAMENTO
- AMBIENTE

Esta ferramenta da PNL[3] pressupõe que vivemos e agimos em seis níveis neurológicos. Em qualquer situação é possível fragmentar uma situação em 6 contextos diferentes, mas relacionados entre si. Os níveis são, partindo de baixo para cima: Ambiente, Comportamento, Capacidade, Crenças e Valores, Identidade e Espiritualidade. Todos nós, em momentos distintos, atuamos em todos esses níveis, com mais ou menos ênfase em um deles.

---

[3] Programação Neurolinguística. (N.A.)

Esse é um conceito desenvolvido por Gregory Betson, e adaptado para a PNL por Robert Dilts. Segundo Dilts, os níveis neurológicos guardam uma hierarquia. Assim, o nível superior acaba sempre influenciando os níveis inferiores, embora o contrário também possa acontecer. Exemplo: aquilo que eu "sou" (minha identidade) acaba, com certeza, influenciando minhas crenças e capacidades, meu comportamento e meus ambientes. Em alguns casos, por exemplo, o nível de ambiente também pode acabar afetando aquilo em que eu acredito (minhas crenças).

Ao longo da vida (nossa própria ou de nossas empresas), nós nos desalinhamos entre aquilo que acreditamos e aquilo que está acontecendo na prática. Isso, por sua vez, desordena nossa pirâmide de níveis neurológicos. Ou seja, os níveis da pirâmide podem não estar em congruência e, desse modo, acabamos sempre dando com a testa na parede, sem saber exatamente o que está acontecendo.

Essa ferramenta será o nosso apoio, pois nos ajudará a entender os contextos corporativos e a alcançar a (re)construção de nossas empresas – garantindo, consequentemente, trabalhos mais saudáveis e transformadores.

No livro *Visionary Leadership Skills*, Dilts nos fala de forma bem prática sobre essa ferramenta aplicada a corporações. Ele reforça a importância de termos sempre os níveis alinhados para obtermos melhores resultados. Assim, a essência de uma empresa – geralmente declarada por sua missão, sua visão e por seus valores – deve estar alinhada com os valores e com a própria essência de seus funcionários. Da mesma forma, as estratégias desenhadas devem estar alinhadas com essa natureza e ser disseminada por toda cultura organizacional. Tudo isso deverá dar suporte às ações e às tarefas que estão sendo realizadas.

De uma forma mais simples, podemos observar essa pirâmide da seguinte forma:

FIGURA: PIRÂMIDE DE 3 NÍVEIS: "ESSÊNCIA E PRÁTICA"

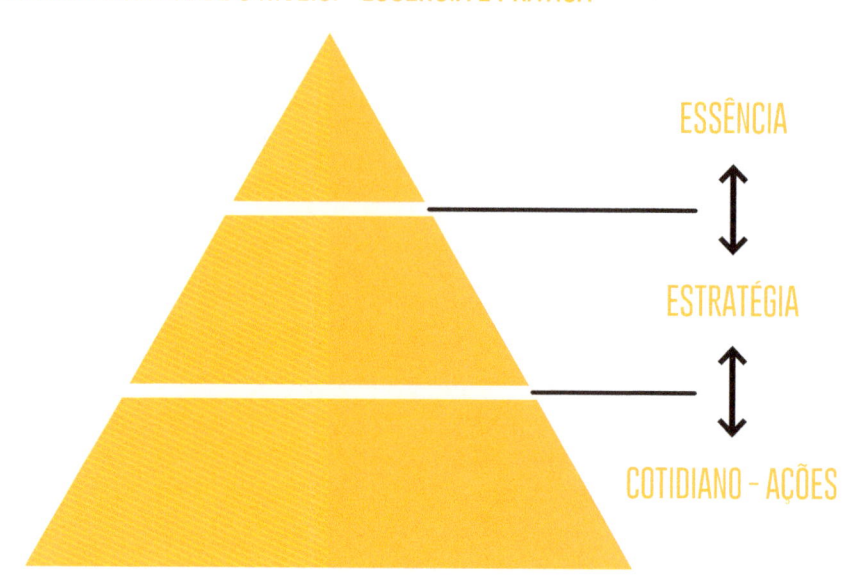

ESSÊNCIA

ESTRATÉGIA

COTIDIANO - AÇÕES

Em uma estratégia de *marketing*, por exemplo, sabemos que as táticas devem obedecer a uma estratégia cujos objetivos são geralmente numéricos, que obedecem por sua vez à essência da empresa.

Uma organização pode se revelar desalinhada a partir do momento em que as ações e/ou tarefas em execução estão desconectadas da essência da empresa, ou até mesmo das estratégias desenhadas pela própria companhia. Essa relação vale para toda pirâmide de níveis neurológicos. Pense em seu trabalho. Você sempre sabe o porquê de estar fazendo o que está fazendo? Em relação às últimas tarefas executadas, sabe dizer quais são (ou foram) os objetivos de cada uma? De que forma elas vão ajudar a melhorar os resultados? Por experiência, tenho certeza de que a maioria das pessoas não saberá responder a essas perguntas, e isso é uma prova de que a pirâmide está mal alinhada, pois as tarefas não obedecem uma estratégia (e/ou as estratégias não obedecem a uma essência).

Veja que na medida em que avançamos nos níveis da pirâmide, mais profundo e complexo o tema se revela. Ao mesmo tempo, tornam-se cada vez mais subjetivos. É por isso que em geral são deixados para trás, o que provavelmente conduz a empresa ao caos.

OLHE PARA CIMA

Dentro da minha empresa, em mais de 80% das ocasiões somos chamados por nossos clientes para solucionar problemas relatados nos níveis da base da pirâmide. Problemas pontuais e práticos, como: baixo índice de vendas, equipes desmotivadas, elevado *turnover*, produtos altamente sazonais, entre milhares de outros motivos possíveis.

Uma das pressuposições dos níveis neurológicos é de que para solucionarmos uma questão precisamos primeiramente saber em qual nível está o problema apontado. E, mais importante, temos de ser capazes de olhar para cima e investigar se o problema relatado não está sendo gerado em um nível superior àquele onde foi constatado.

Um fator extremamente importante que exploraremos mais a fundo no decorrer desse livro é o seguinte: quanto mais alto na pirâmide de níveis neurológicos, mais difícil se tornará o diagnóstico do problema. Em contrapartida, nesses níveis as soluções costumam ser mais rápidas, sistêmicas e duradouras. É como se despejássemos um líquido solucionador no topo da pirâmide e, todo o resto da estrutura fosse lavado por essa solução. Todavia, dentro dessa analogia, enquanto a sujeira estiver sendo gerada nos níveis superiores, de nada irá adiantar a faxina contínua nos níveis inferiores. Afinal, depois de um tempo tudo estará sujo de novo.

Normalmente, o que vejo são empresas tentando solucionar problemas gerados em níveis superiores, mas se concentrando apenas na base da pirâmide. Exemplo: Suponhamos que exista em alguma área da companhia um problema no nível de crenças, do tipo: "Não acredito que esse produto seja bom para o nosso cliente". Essa crença (ou atitude) poderá gerar problemas práticos, como vendas baixas. Em casos como este, é muito comum vermos empresas tentando trabalhar esse problema no nível de capacidade e/ou comportamento – trocando a equipe comercial ou alterando produtos, estratégias e/ou metodologias de trabalho.

Todavia, tanto a espiritualidade quanto o nível de identidade geralmente são responsáveis por grande parte dos problemas. Exemplo: se uma empresa não consegue deixar claro quem ela é, como irá exigir por parte de sua equipe de comunicação que crie campanhas efetivas para encantar o cliente. Assim, é muito importante estarmos atentos ao nível em que estamos trabalhando, e ter calma e sabedoria ao olharmos para os níveis superiores.

2.2 - NÍVEIS VISÍVEIS - BASE DA PIRÂMIDE: AMBIENTE, COMPORTAMENTO E CAPACIDADE

Essa é a base da pirâmide. Geralmente é o nível que conhecemos como de ocorrências "comuns em nosso cotidiano" – onde estamos, com quem estamos, como é o ambiente, como se comportam as pessoas, quais são as ações em andamento. Chamamos de níveis visíveis pois neles estão reunidos elementos passíveis de percepção: o local, as atividades, as habilidades existentes etc. Além disso, é nessa base que se concentra a maior parte do foco de gestores e líderes. Por se tratar dos níveis mais visíveis, são neles que se empregam quase todos os esforços de uma empresa.

O nível de ambiente se refere ao "onde". É o espaço físico em que estão os membros de uma organização; o que estamos vendo; as características da região. Ele também se refere ao "quando" alguma coisa está acontecendo. Esse é um nível mais passivo, voltado para nossas reações, não para nossas ações. Estas encontram-se no nível de comportamento, assim como os atos realizados por uma empresa e por seus indivíduos. Nele também estão os processos estabelecidos, os padrões de trabalho, a comunicação entre as pessoas, os hábitos etc. Esse é o âmbito do "o quê" a empresa está fazendo.

Enquanto isso, fatores como Objetivo, Plano Estratégico (ou parte dele) e/ou Táticas Empresariais estão no meio da pirâmide, mais especificamente ao nível de capacidades ou habilidades, e representam o "como".

Até aqui a linguagem é prática. E é justamente aí que atua a maioria das consultorias: *team building*, recrutamento, práticas de venda e processos, assim como tantos outros bastante comuns no mercado.

Por se tratar de uma região prática e de fácil observação, a base da pirâmide é perfeita para o diagnóstico de qualquer tipo de situação. Como os níveis abaixo são consequências dos níveis superiores, se houver um problema em um patamar mais elevado, isso refletirá em toda pirâmide.

O ambiente de trabalho, por exemplo, é um ótimo indicador de vários aspectos empresariais, como: "quem" a empresa é (ou "o quê" ela parece ser); "quais" são os resultados por ela obtidos e "onde" estão os problemas a serem corrigidos.

Vale ressaltar ainda que, por serem a base da pirâmide, esses níveis são responsáveis por grande parte de nossas vidas – eles são, literalmente, a base de tudo o que temos.

Todas essas questões práticas são de extrema importância em uma análise de crescimento corporativo, afinal, sem termos uma base funcionando corretamente é muito difícil alcançarmos aquilo que desejamos.

Porém, existem diversas teorias que falam sobre os níveis de bases da pirâmide, por isso iremos focar nos níveis invisíveis, na ponta, que é um espaço menor de observação, mas é onde pequenas mudanças causam transformações gigantescas.

EXERCÍCIO DE REFLEXÃO

Feche os olhos por alguns minutos. Respire fundo e se coloque dentro de sua empresa. Não pense em nenhuma situação específica, apenas observe tudo ao seu redor, assim como a si mesmo.

Após alguns minutos, abra os olhos e responda:

- **Como é o ambiente em que você trabalha?** É confortável? Há espaço suficiente? Quem está nesse ambiente? O que de mais importante tem nele?

- **O que você faz nesse ambiente?** Quais são suas atitudes? Qual é o seu comportamento e o daqueles ao seu lado? Qual é o comportamento dos líderes? São bons ou ruins? De que maneira a organização está gerando esse comportamento?

- **Quais são suas habilidades?** A qual estratégia você está obedecendo? Quais são suas capacidades e as de sua equipe? Quais são os objetivos almejados?

- **Por que você faz o que faz?** Quais são seus valores mais importantes (mesmo fora da empresa)? E sua empresa, no que ela acredita? Quais são os valores dela? Esses valores intrínsecos e extrínsecos à empresa estão alinhados?

- **Quem é você nessa empresa?** Quem é de fato a sua empresa? Qual é o papel dela no mundo? Qual é sua missão como ser humano? Qual a missão da empresa? A quem mais isso afeta?

- **A que ponto o que está sendo proposto pela empresa afeta o sistema ao redor?** Como você e sua empresa irão impactar o mundo?

A simples resposta das perguntas acima criará uma mudança significativa na forma de se enxergar as coisas.

2.3 - NÍVEIS INVISÍVEIS – O TOPO DA PIRÂMIDE: CRENÇAS, IDENTIDADE E ESPIRITUALIDADE

Existem milhares de conceitos, técnicas, livros e treinamentos que nos mostram como gerenciar os níveis que vão até o meio da pirâmide – principalmente os comportamentos e as habilidades de uma empresa. Não há como administrar uma empresa sem conhecê-los a fundo. Neste sentido, existem diversos mestres – Drucker, Kotler, Welch, entre outros, e todos são impecáveis. As diversas técnicas ensinadas por eles não falham, ou, pelo menos, não deveriam falhar.

Enquanto consultor, eu mesmo apliquei ao longo de muito tempo as várias técnicas que aprendi e posso afirmar que obtive sucesso em muitas ocasiões. Naquela época, entretanto, os clientes costumavam me ligar depois de algum tempo com outro tipo de problema, que ou estava na mesma área ou tinha alguma relação com o primeiro apresentado. Ocorria, portanto, uma troca de problemas, mas o dia a dia continuava estressante e desprovido de fluidez.

Foi nesse contexto que iniciei a busca por respostas e passei a me perguntar por que aquele ciclo sempre se repetia. Será que a frase "estou sempre apagando incêndios" lhe parece familiar? Pois é. Fico bastante incomodado ao ver empresas, dia após dia, correndo para solucionar problemas. Como será a vida dos funcionários dessas companhias?

Outra questão que também me inquieta é o motivo pelo qual algumas empresas alcançam mais sucesso que outras, independentemente de as técnicas de administração, as condições de mercado, os fatores externos e o nível de conhecimento de seus colaboradores serem os mesmos. Afinal, o que está faltando?

Nesses anos de busca, conheci muitas empresas interessantes que me serviram de exemplo e fonte de estudos. Meu objetivo era descobrir o que, de fato, fazia com que elas fossem mais fluídas, felizes e obtivessem mais resultados que outras.

A resposta que encontrei me levou à formulação dos conceitos e das técnicas que tratam da parte superior da pirâmide, onde se abrigam as crenças e os valores empresariais, assim como a identidade e a espiritualidade da companhia.

Apesar de o número ainda ser menor, o fato é que alguns bons autores já construíram técnicas maravilhosas sobre o trabalho com valores e identidade. Entretanto, pouquíssimos falam sobre o nível mais importante de todos – o da espiritualidade.

Nos últimos anos, o conceito de propósito vem ganhando força. E como veremos mais à frente, ele é altamente espiritual. Utilizaremos os próximos capítulos para evidenciar isso, e de uma forma totalmente nova.

O CÉU É O LIMITE – OU, PELO MENOS, DEVERIA SER

O topo da pirâmide, por se tratar de uma região mais complexa, não recebe a devida atenção pela maioria dos profissionais, sejam eles autores, líderes e/ou empresários. O que muita gente não entende é que é justamente essa parte a maior responsável pelos resultados finais.

Essa atenção não é dada, seja porque não se conhecem conceitos relacionados ao topo da pirâmide ou porque muitas vezes esses profissionais estão no meio do furacão e se perdem nos problemas do cotidiano da empresa. Conheci empresas que passaram quase que toda a sua existência perdida nesse furacão. Quando isso acontece – e isso é mais normal do que imaginamos – o dia a dia se revela superestressante.

O maior conflito que se pode causar em uma empresa é fazê-la se concentrar somente no cotidiano. Isso, aliás, é uma garantia de que problemas irão acontecer sempre. Com certeza você já ouviu algum profissional dizendo coisas do tipo: "Parece que os problemas em minha empresa não têm fim", ou "Estamos sempre apagando incêndios". Tentar orientar uma empresa sem foco na estratégia é a mesma coisa que promover uma corrida no meio do deserto sem definir onde será a linha de chegada. São diversos corredores, cada um virado para uma direção diferente. BUM, é dada a largada e, é claro, cada um corre para um lado. Essa é a imagem perfeita de uma empresa que só enxerga a base da pirâmide.

Infelizmente esse é o mundo corporativo que conhecemos, onde empresas se revelam desconectadas de causas maiores, de sua razão de existir, de sua identidade e da própria espiritualidade.

2.3.1 - VALORES - O PORQUÊ

> *"GRANDES LÍDERES SÃO AQUELES QUE CONFIAM NO CORAÇÃO ANTES DE ACREDITAR NA MENTE. ELES COMEÇAM PELO PORQUÊ."*
> Simon Sinek

No campo dos valores e das crenças, fica bem clara essa transição entre coisas práticas e não tão práticas. Nele encontramos aquilo em que acreditamos como verdade, as nossas crenças. É também nesse nível que se localiza o conjunto de características que orienta nossa existência: amor, conforto, justiça, sucesso, espiritualidade e liberdade são alguns dos exemplos de valores mais comuns. A união de valores e crenças é o que move nossas ações.

Esse conjunto de características, formado por crenças + valores, é o responsável por apoiar ou inibir nossas capacidades e nossos comportamentos – o que é conhecido dentro da prática de *coaching* como crenças possibilitadoras ou crenças limitantes. É geralmente pela ótica dessas crenças que observamos o mundo à nossa volta; são elas que dão significado ao que fazemos e, inclusive, são responsáveis por nossos julgamentos. Acreditamos em algo e, a partir daí, norteamos nossas ações e relações de acordo com essas crenças.

Importante entender que existem diversos tipos de valores e crenças espalhados por toda a pirâmide. Eles permeiam desde o nível de ambiente até aquele da espiritualidade.

FIGURA: PIRÂMIDE DE VALORES

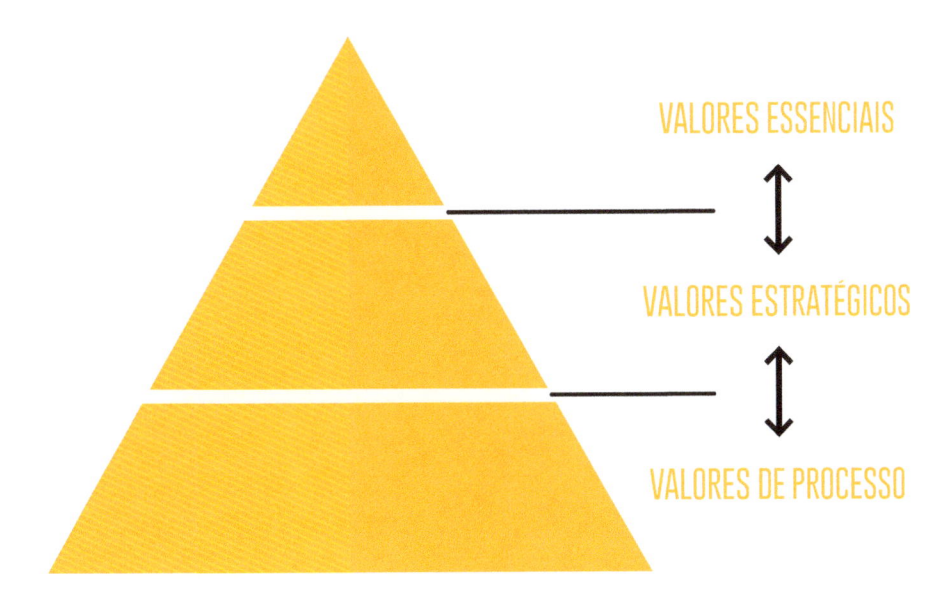

VALORES ESSENCIAIS

VALORES ESTRATÉGICOS

VALORES DE PROCESSO

Exemplo: nossas crenças e nossos valores também dão suporte à nossa identidade. Dentre as nossas crenças mais profundas estão "eu sou" e/ou "nós somos". Valores como criatividade, expressividade e individualidade nos ajudam a sustentar a identidade de um indivíduo como "artista", por exemplo.

Por se tratar do meio de uma pirâmide – onde ainda conseguimos nos expressar por meio de palavras e significados –, esse é um ótimo tópico para começarmos a compreender quem de fato essa empresa é. Durante reuniões para se descobrir isso, a melhor forma de identificar as crenças e os valores de uma empresa é sempre perguntando "por quê?". Respostas como "porque eu acredito que..." são comuns nesses momentos.

EXPLORE A FUNDO

Como no caso de uma criança que, curiosa, começa a descobrir o mundo, insistir em compreender o porquê das coisas irá levá-lo a se aprofundar cada vez mais na essência de uma empresa. É natural que, insistindo nessa pergunta, as pessoas comecem a ficar sem palavras para respondê-la. Isso significa que você está subindo e alcançando novas camadas na pirâmide neurológica e adentrando níveis de identidade ou mesmo espiritualidade, onde fica difícil expressar-se por meio de palavras.

Vejamos um exemplo comum: numa empresa da área de saúde, é comum desenharmos os propósitos – ou mesmo a missão e visão – mais óbvios. Isso é um sinal de que cavamos pouco na exploração daquilo em que consiste essa companhia. Pelo fato de essas instituições terem claramente em sua essência o "cuidado ao outro", podemos nos deixar enganar, acreditando que tal propósito atenda àquilo que a empresa é de verdade. Por isso, é muito comum que empresas desse ramo tenham missões, ou até visões, muito parecidas. Pesquise e confirmará esse fato.

Certa vez, durante o trabalho de exploração de essência, fiz inúmeras perguntas ao dono de um grande instituto brasileiro de oftalmologia, e isso me deu grandes *insights* no processo de entender o que realmente estava por trás da criação daquela empresa. Na verdade, se tivesse me dado por satisfeito com "cuidar dos olhos dos outros", essa clínica teria a mesma imagem (e consequentemente, os mesmos objetivos, as mesmas metas etc.) que seus concorrentes. Além disso, se o objetivo fosse somente cuidar dos olhos, como ficariam os funcionários mais ligados à parte administrativa da empresa. Não seria uma relação muito indireta com esse propósito?

Após diversos questionamentos, chegamos ao entendimento de que a oftalmologia significava para essa pessoa uma oportunidade, dentro da medicina, de trabalhar com qualidade de vida, sem perder o contato com o ser humano – nesse caso, com o paciente. Daí para frente ficou muito mais fácil entender os novos valores que diziam a mim e à minha equipe o que aquela empresa significava, assim como quais caminhos seriam desenhados para trazer mais alegria e melhores resultados para todos os envolvidos.

Por tudo isso, explore bastante os "porquês". Eles o ajudarão a atingir níveis mais profundos no entendimento de qualquer empresa. Aliás, outro fator importante é que não necessariamente você saberá muito sobre todo e qualquer mercado. Assim, se a pessoa à sua frente somente responder as perguntas colocadas conforme a visão dela, você provavelmente ficará perdido – ou terá somente um lado da história. Lembre-se do olhar curioso de uma criança. Explore sempre, e a fundo, tudo o que estiver sendo dito.

A IMPORTÂNCIA DOS VALORES NA CONSTRUÇÃO DE UMA EMPRESA ESPIRITUALIZADA

Gosto de reforçar que são os valores que definem onde colocaremos nossa energia a fim de atingirmos nossos objetivos. Eles são o motivo de estamos percorrendo nossa jornada. Lá no fundo, o que buscamos é sempre atender aos nossos valores. E, embora muitas vezes não os conheçamos de verdade, são eles que nos motivam; são coisas com as quais a gente realmente se importa. Sem elas não conseguimos viver.

Por exemplo, é natural que uma empresa que valoriza segurança ostente reações associadas a isso. Neste sentido, é provável que ela se demonstre confortável em avaliar possíveis situações de risco. Também é presumível que antes de executar qualquer ação essa companhia se envolva num amplo processo de planejamento.

Prestar atenção aos seus valores é crucial para o reconhecimento e entendimento do seu propósito. Em processos de *coaching*, por exemplo, avaliar os valores que estão por trás da meta estabelecida é essencial para se garantir o sucesso. Muitas vezes processos são interrompidos e/ou entram em *looping*, apenas por não respeitarem valores que sequer foram avaliados.

Esse mesmo exercício também pode ajudá-lo a entender não somente o motivo pelo qual a missão de uma empresa é tão difícil de ser praticada, mas também a razão de não conseguimos caminhar rumo àquilo que desejamos (nossa visão). Isso acontece porque a não apropriação e o não reconhecimento de valores intrínsecos nos impede de construir uma visão sistêmica daquilo que queremos.

Voltando ao exemplo da empresa em que um dos valores principais é segurança, ela dificilmente terá em sua missão elementos que envolvam inovação ou quebra de paradigmas culturais, pois eles poderiam entrar em contradição com o valor principal. Caso essa empresa queira inovar de alguma forma, ou esse objetivo ou o valor precisarão ser estudados para que ela consiga adentrar o caminho desejado.

A CRIAÇÃO

No caso de uma empresa, seus valores quase sempre nascem atrelados àqueles dos seus próprios criadores – com poucas exceções, mais especificamente nos casos em que a cultura da companhia possa ter passado por diversas transições no que diz respeito à direção a seguir –, e são transmitidos de maneira energética para toda a cultura empresarial. De um modo geral, companhias costumam atrair para si pessoas cujas crenças sejam as mesmas que as delas, sejam essas crenças possibilitadoras ou limitantes.

Crenças limitantes são repassadas para todos os envolvidos, mesmo que inconscientemente. Desde que um indivíduo nasce, seu comportamento é condicionado para que sinta (ato inconsciente) o valor do ambiente e o reproduza. Aprendemos a modelar nossos atos pelas atitudes de nossos pais, mesmo antes de entendermos aquilo que eles nos dizem. Assim, se "alegria" representar um valor importante para o fundador de uma empresa, será extremamente natural encontrarmos pessoas alegres e energéticas dentro dessa organização. Ou seja, quando a relação for identificada, é crucial que a empresa respeite esse valor e o mantenha naturalmente fluido em todos os seus processos.

O contrário trará desconforto (inconsciente) para todos os envolvidos nessa organização. Isso quer dizer que se um valor não estiver sendo respeitado será possível perceber uma contradição entre aquilo que a empresa diz ser e o que de fato ela é. Particularmente, já deparei com empresas que embora tenham o "bem-estar" como valor principal, não praticam isso em seu dia a dia, sendo que tal contradição parte da própria liderança da companhia. É inevitável que tal desalinhamento resulte em consequências negativas para todos os níveis da empresa.

Além disso, conflitos entre os valores da empresa, da equipe e dos colaboradores com certeza se revelarão fontes de desarmonia – principalmente se ocorrerem nos valores essenciais, ou seja, aqueles ligados à identidade e espiritualidade da companhia. Em uma organização, a identificação por parte dos colaboradores com os valores empresariais e aqueles de sua equipe é um fator-chave para se manter uma equipe engajada. Da mesma forma, valores mal-alinhados significam equipes perdidas e conflitos constantes. Estes atuarão constantemente como sabotadores dos objetivos, da missão e da visão da empresa, impedindo que a organização siga em direção daquilo o que tanto deseja.

EXERCÍCIO DE VALORES

1 Pesquise profundamente a história de sua empresa e encontre seus valores mais importantes. Veja se eles são naturais para sua equipe e/ou para a própria empresa. Fique atento também aos outros níveis. O ambiente, por exemplo, diz muito sobre os valores de uma empresa.

2 Procure pelos momentos de grandes conquistas e realizações de objetivos – e faça-o com o coração. Defina quais foram as ocasiões em que você e seus colaboradores realmente se emocionaram juntos, elevando o nível de energia o mais próximo possível de uma sensação de plenitude e gratidão. Dentro desses momentos, perceba quais valores estavam presentes e foram responsáveis pelos sentimentos positivos. Se esses valores não forem respeitados, sua empresa, de alguma forma, enfrentará conflitos.

3 Para encontrar valores pessoais importantes, escolha alguns momentos impactantes de sua vida durante os quais foi extremamente feliz. Se possível, escolha setores diferentes, como: família, amigos, lazer, trabalhos etc. Feche os olhos e volte àquele momento e repasse os acontecimentos que te fizeram bem, associando-os a esse momento. Quando terminar, abra os olhos e anote quais eram os valores e as características presentes naquele instante: alegria, conforto, amigos, diversão etc. Faça isso para cada momento escolhido. Veja quais foram os valores que se repetiram. Provavelmente você encontrará valores essenciais para sua vida.

Importante: se o seu trabalho não contemplar o que foi encontrado, você dificilmente se sentirá realizado nessa área de sua vida.

O PORQUÊ

Para mim um dos maiores autores a abordar um nível profundo de valores e crenças (valores essenciais) é Simon Sinek. Sua teoria *"Golden Circle"* (círculo dourado) é conhecida no mundo todo. Sua apresentação para a série de conferências TED, ocorrida em 2009, foi uma das mais visualizadas no mundo, alcançando mais de 30 milhões de pessoas.

FIGURA: GOLDEN CIRCLE

POR QUÊ

COMO

O QUÊ

Toda teoria é explicada em seu livro *Por quê? – Como Grandes Líderes Inspiram Ação*. Nele, Simon Sinek consegue expor de forma genial a importância da comunicação corporativa no nível de valores essenciais.

Em resposta ao seu questionamento inicial, ele decidiu buscar o que faltava em sua própria vida para que ele se engajasse ao próprio trabalho. Neste sentido, Sinek estudou a forma como grandes líderes e grandes empresas conseguiam envolver as pessoas, enquanto outros não obtinham o mesmo sucesso. Analisando o comportamento dessas pessoas, a forma como elas agiam (naturalmente), ele percebeu que todas estavam profundamente conectadas com o motivo – o porquê – para fazerem o que faziam. Em suas comunicações e em seus discursos, essas pessoas se utilizam de uma lógica inversa daquela usada por pessoas "comuns". Enquanto a maioria se comporta e se comunica seguindo de fora para dentro do *Golden Circle* – do *What* (o quê?) para o *Why* (por quê?), os grandes líderes se comunicavam da maneira inversa, ou seja, iniciando sempre pelo *Why* e, só então, partindo para o *What*.

> "A MAIORIA DAS PESSOAS E EMPRESAS SABE O QUE FAZ (CONHECE OS PRODUTOS E SERVIÇOS OFERTADOS ETC.). UM PERCENTUAL MENOR SABE COMO FAZÊ-LO (CONHECE OS DIFERENCIAIS). PORÉM, SOMENTE UMA PEQUENA MINORIA SABE O PORQUÊ DE FAZER O QUE FAZ. SE OLHARMOS OS GRANDES LÍDERES E AS GRANDES EMPRESAS QUE REALMENTE GERAM ENGAJAMENTO, TODOS ELES FALAM SOBRE O PORQUÊ DE FAZEREM O QUE FAZEM."

Entre os exemplos disso estão as empresas Apple e Southwest Airlines, além de indivíduos como Martin Luther King e os irmãos Wright, entre outros.

Como sabemos, a intenção de Sinek era descobrir algo que, por si só, pudesse engajá-lo à própria vida. Ele estava em busca de seu propósito. O resultado disso foi a criação do modelo *Golden Circle*, que vai muito além da comunicação de uma empresa, concentrando-se em compreender quem essa empresa é e qual é sua essência. Ele condiz com o poder de transformação dos patamares mais elevados da pirâmide de níveis neurológicos.

Recomendo a todos que queiram construir uma empresa engajadora que leiam os livros e assistam aos vídeos de Simon Sinek.

CURIOSIDADE IMPORTANTE

Outro fator importante estudado por Sinek em sua pesquisa elucida o que vimos na pirâmide. Segundo esse trabalho, o fator de engajamento de dentro para fora (começando pelo porquê) está diretamente relacionado com a forma como nosso cérebro está organizado. O sistema nervoso central é também dividido em 3 camadas. O neocórtex é o responsável por tarefas mais práticas e racionais, e corresponde à periferia do *Golden Circle* – é o *What*. As camadas mais centrais do cérebro formam o sistema límbico, responsável pela tomada impulsiva de decisão. Elas correspondem ao centro do círculo, principalmente à região do *Why*. Essa parte do cérebro é responsável por decisões emocionais e não consegue processar informações como linguagem racional, palavras e coisas mais práticas.

2.3.2 - IDENTIDADE - MISSÃO

> "OS DOIS DIAS MAIS IMPORTANTES DE SUA VIDA SÃO: O DIA EM QUE VOCÊ NASCEU E O DIA EM QUE VOCÊ DESCOBRE O PORQUÊ."
>
> Mark Twain

Estamos no topo da pirâmide. Esse nível fala do seu papel dentro daquilo que está sendo proposto. Trata-se do nível associado a duas perguntas: Quem sou eu? e Qual é a minha missão? As respostas, nesse caso, geralmente começam com "nós somos..." ou "eu sou...".

Um trabalho nesse nível exige coragem e tempo, principalmente por parte dos líderes do alto escalão de uma empresa. Entender e estar o tempo todo conectado ao porquê de estarmos fazendo isso é primordial para que o trabalho flua e, assim, nós consigamos encontrar aquilo que está escondido há tanto tempo. Caso contrário, acabaremos mergulhando nos problemas do nosso dia a dia para resolver coisas que parecerão mais importantes. Isso, entretanto, é uma grande estratégia de defesa para que não vislumbremos quem somos de verdade. Afinal, sabemos que para chegar lá teremos de entrar em contato com nossas sombras e nossas dores.

Por causa desse medo, vejo identidades sendo esquecidas ou declaradas, sem que, entretanto, as verdadeiras faces sejam mostradas. A falta de encontro com uma identidade profunda gera diversos problemas, o que torna comum para uma empresa confundir sua própria identidade com a de seu produto. Trata-se praticamente de um estado de esquizofrenia, em que a organização trabalha sem foco a longo prazo. Essa doença é perceptível quando dentro das empresas a visão dos funcionários geralmente difere daquela dos diretores – cujo olhar, por sua vez, também difere da visão dos clientes.

Outra característica muito comum é restringirmos as possibilidades no que se refere à nossa Identidade. Sou mãe, sou líder na área de inovação, sou uma empresa de alimentos saudáveis, etc. Qualquer uma dessas informações restringe muito o que realmente somos, como pessoa e como empresa.

Como observamos, estamos falando de áreas subjetivas e impossíveis de serem totalmente compreendidas de maneira racional. Por isso, para se fazer um trabalho efetivo nesse nível é superimportante o uso de imagens, metáforas, simbologias e outras formas de comunicação mais intuitivas, voltadas para o sentir. Em fases de investigação, minha equipe adora ouvir histórias sobre a empresa, mesmo as que, às vezes, parecem ser de bastidores ou pouco relacionadas a quem somos. Porém, essas narrativas geralmente são as melhores maneiras de se compreender a identidade de uma empresa. Como dizem: suas ações falam mais que suas palavras.

A DESCONEXÃO AO LONGO DO TEMPO

Durante a existência de uma empresa, é normal tomarmos caminhos diferentes daquilo que nossa alma propôs quando nós nos decidimos por sua abertura. A busca pela obtenção de resultados financeiros faz com que aceitemos condições de trabalho diferentes daquelas em uma empresa espiritualizada. Disponibilizamos novos produtos (vestimos novas roupas) porque o mercado está precisando daquilo, e essa é a chance de crescermos financeiramente. E isso se repete até que chega um momento em que aquilo que estamos vestindo já não combina com aquilo que somos. Nesse instante, ao olharmos para o próprio corpo sentimos uma sensação estranha. Embora usemos roupas que pareciam fazer sentido, não nos sentimos mais tão encantados assim. Ficamos confusos e nos perguntamos o que aconteceu. Essa confusão também acontece porque nos perdemos em termos de identidade. Já não sabemos mais o que é verdade, e o que não é. Usando máscaras e vestimentas que nos confundem quando pensamos naquilo que somos em essência. A despeito de externamente as coisas parecerem fazer sentido, algo lá dentro nos diz: "não é isso que eu sou". Nós nos sentimos perdidos.

Essa desconexão com a identidade pode se revelar bem angustiante ao longo do tempo. Além dos problemas práticos que isso gera, nós nos sentimos frustrados com aquilo em que estamos trabalhando. Tudo isso faz com que muitos de nós desistam do caminho, acreditando que tudo está errado. Não está.

Esse é um momento que, embora comum, é de extrema valia para que nos reconectemos com a nossa essência. Um trabalho efetivo no que se refere a identidade deve ir fundo na essência de uma empresa, em busca daquilo que está por trás da cortina; ele precisa encontrar autenticidade e conseguir declará-la.

INVESTIGANDO A IDENTIDADE

O processo de descoberta de identidade e propósito deve ser feito sempre em um ritmo natural que respeite o tempo de maturação das ideias. Durante esse tempo diversos *insights* irão surgir e precisarão ser aperfeiçoados e digeridos por todos os envolvidos no processo.

Cada *insight* irá gerar diversas mudanças que, por sua vez, trarão novas percepções. É como se fossem pistas daquilo que somos e estamos prestes a descobrir.

Esse tempo é essencial, pois revela paulatinamente as verdades até então ocultas. Essa verdade, por sua vez, é uma nova porta aberta que nos levará a outras portas. Chega então o momento em que, em nosso coração, sabemos que o trabalho está perto do fim.

Uma dica importante: do ponto de vista de quem está no meio do furacão, é muito difícil saber o que é verdade ou não. Por isso, é muito importante que contemos com uma pessoa ou empresa parceira, externa, que nos auxilie no processo de reencontro com a nossa essência. Outro motivo para esse trabalho conjunto é o fato de se tratar de um processo um pouco difícil. Por isso, se tentarmos segui-lo sozinhos, provavelmente acabaremos não enxergando as próprias sombras (para nós muitas vezes elas parecem normais) e isso boicotará o processo. Assim, uma pessoa com habilidades para conduzir esse processo conseguirá ajudá-lo a encontrar o caminho. Veja um exemplo:

Conduzi a implementação de um processo de encontro e declaração de identidade num cliente do ramo de cursos e consultoria. Todo processo durou 10 meses, levou a mais de 10 encontros presenciais e contou com muitas reuniões internas para que pudéssemos elaborar tudo aquilo que encontramos de verdade naquele cliente. Em uma parte do processo, percebemos que, de algum modo, havia um bloqueio por parte do cliente em declarar que sua missão possuía um nível social gigantesco, focado na transformação de pessoas no mundo todo. Porém, por motivos pessoais dos sócios, essa energia social estava inativa dentro da empresa. Somente nos foi possível declarar o propósito (veremos mais à frente que todo propósito é uma energia social) daquela empresa a partir do momento em que conseguimos desbloquear essa energia social. Para isso, tivemos de enfrentar as sombras que a bloqueavam e conectar os sócios a essa linda missão. Foi um processo doloroso, mas muito bonito. De mil maneiras diferentes, esse trabalho trouxe resultados em todos os níveis dentro dessa empresa.

Geralmente esse tipo de processo é criado por diversas pessoas – incluindo o cliente –, e em diversas etapas. Usamos técnicas de geração de ideias (*brainstorm*, *storytelling* e *design thinking*) sempre buscando *insights* que possam orientar o cliente para o caminho certo. Para isso, é importante também contar com ferramentas de desenvolvimento da consciência. Elas nos ajudam a perceber onde estão os bloqueios e a enxergar além daquilo que está sendo dito.

Usando alguns métodos distintos, o processo vai desde a imersão (internalização) na empresa, buscando fatos (internos e externos), até o momento da declaração (externalização) da identidade e do propósito desse cliente.

Uma ótima dica para se encontrar a identidade é compreender quem é (ou quem foi) o criador da empresa. Apesar de a maioria dos empreendedores criar sua empresa de modo instintivo – pelo *feeling* –, sempre há um profundo desejo emocional de declarar abertamente quem você é.

Principalmente em empresas jovens – ou naquelas em que o fundador ainda é peça fundamental e presente –, a história da criação do empreendimento revela bastante sobre quem essa empresa é hoje.

E como esse tópico é muito importante, vejamos a seguir outro exemplo bastante interessante.

O CASO JANIERO

No interior de São Paulo há uma pequena confecção de roupas íntimas para mulheres (*lingeries* e biquínis). Apesar da pequena estrutura, trata-se de uma marca superconceituada no país, que atende a todo o mercado nacional. Suas peças estampam capas de revistas e vestem artistas dos principais meios de comunicação.

Durante alguns meses, tive a imensa oportunidade de trabalhar com essa empresa, buscando entender a verdadeira razão de sua existência. O objetivo era transformá-la, de modo que se encontrasse sua identidade, declarasse seu propósito e, assim, conquistasse melhores resultados. Nas diversas entrevistas que realizamos, percebemos que a empresa como um todo sentia um imenso potencial naquilo que fazia, mas não via esse potencial acontecendo na prática. De alguma forma, a empresa não enxergava sua verdade.

A conversa inicial com a criadora da companhia foi uma das mais interessantes que já tive em fase de exploração. Embora fosse uma verdadeira gênia criativa, e uma pessoa com elevado nível espiritual, a fundadora, por conta dos problemas do dia a dia ela tinha dificuldades para enxergar a verdadeira beleza daquilo que havia criado.

Na história do processo de criação dessa empresa já foi possível captar diversas características. Desde o começo ela se mostrou superconectada com a "sincronicidade da vida". O nome definido – Janiero – é único. Embora não tenha um significado específico, ele apareceu diversas vezes para a criadora, e em momentos distintos, inclusive por meio de uma parente dela que teve contato com esse mesmo nome durante uma vivência voltada para a elevação da consciência

A marca é sustentada pela frase *Body & Colors*, nascida de uma profunda experiência da fundadora com uma exposição das obras de Hélio Oiticica, um dos maiores nomes da arte moderna brasileira. Uma característica única de seus trabalhos era a originalidade no uso das cores como figuras centrais de suas obras. Quando a fundadora juntou as peças que lhe apareciam, surgiu a empresa por meio da qual ela conseguiria levar cores para o corpo das pessoas. Ela não apenas acredita, mas vivencia a crença de que as cores sejam formas terapêuticas de se viver mais harmonicamente com o mundo. **Ela é contra um mundo somente em "preto e branco", e defende uma marca que é a favor de uma vida mais colorida.**

A partir da primeira reunião foi possível conduzir o processo de encontro com a missão e propósito da empresa, de forma muito mais clara. Assim, conseguimos conectar toda a empresa com aquela verdade que apareceu de forma tão clara na história de sua criação.

DECLARE-SE

Ter uma ideia de sua identidade já é um ótimo passo para qualquer empresa. Em contrapartida, manter-se apenas no mundo das ideias não ajuda a construir uma empresa significativa. Um passo extremamente importante é declarar para o mundo essa identidade. Assim, gostaria de aproveitar essa oportunidade para exemplificar a importância da declaração de Identidade para os negócios, por meio de uma pequena história.

Sabemos que a infância pode ser um período difícil para as crianças. Dentro da escola existem diversas personalidades, umas com maior facilidade para se impor; outras, nem tanto.

Imaginem um menino muito autêntico, mas que em sua infância entendia a autenticidade como algo muito ruim – seus amigos achavam seu gosto esquisito e até zombavam disso. Durante essa infância, vai sendo construído na mente desse garoto que aquilo do que ele gosta, em que acredita, é besteira. No início da adolescência, período de reforço da personalidade, continua sendo plantado na mente desse menino que ele não é normal, o bullying se torna cada vez mais presente em sua vida. Por conta disso, em plena noite de sexta-feira ele prefere se esconder em casa, ler histórias em quadrinho e fazer desenhos – paixões que trouxe consigo ao longo de toda da vida – que sair com os amigos para curtir. Não se trata de uma fuga, tampouco de fobia social. O fato é que, por medo da exclusão e da sensação de não pertencimento, ele acaba escondendo dos outros sua própria identidade – e, assim, a verdade. Seus parentes acreditam que ele é um garoto solitário. Não porque o quisesse, mas por ter dificuldades em achar amigos e, ao mesmo tempo, por acreditar que ninguém irá entendê-lo.

Essa história até aqui já seria suficiente para fazermos um paralelo sobre as consequências de uma não declaração de identidade, mas para exemplificar melhor, continuaremos rumo ao final feliz.

Ao escolher sua carreira, ouve de seus professores e dos formadores de opinião que desenhar não dava dinheiro. Assim, ele acaba optando pelo curso de Administração de Empresas. Afinal, com isso ele poderia ganhar dinheiro e tomar conta dos negócios de seu pai. Porém, suas primeiras tentativas não são bem-sucedidas e ele acaba dispensado de várias empresas por não demonstrar engajamento suficiente com a rotina cotidiana. Por alguma razão, comparando aquela situação com a sua adolescência, sua vida parece ser sempre repleta de coisas ruins.

Depois de tentativas em empresas e em cargos aos quais nunca conseguiu se adequar, sem vislumbrar uma saída e no auge do seu desânimo, ele volta a desenhar. Seu objetivo é obter o necessário para o próprio sustento. Assim, ele publica suas histórias na Internet até que é convidado para fazer parte de um livro de ilustração colaborativo, ao lado de outros 9 autores. A partir daí começa a conhecer pessoas desse ramo, muito parecidas com ele. Mesmo iniciando um novo caminho e sem muito retorno financeiro, ele de repente se vê mais feliz e mais sociável. Ele finalmente vive em um ambiente onde as pessoas o entendem. Mas isso só acontece porque ele começa a espalhar sua identidade pelo mundo, se assumindo como de fato é. "Se sou diferente ou não, esse sou eu"! Surge todo um novo ciclo de relacionamento; agora, ele faz parte de um mundo no qual as pessoas participam – e querem participar – e até buscam manter contato com ele! Seu público finalmente aparece, e suas "vendas" começam a acontecer!

Pelas minhas experiências posso provar que a declaração de identidade corporativa traz os mesmos resultados positivos demonstrados na história citada anteriormente. Em primeiro lugar, ela constrói uma empresa mais feliz e transformadora; em segundo, traz mais resultados positivos – por mais que acreditemos que uma coisa não combine em nada com a outra.

> **UMA ÓTIMA DICA DE LEITURA É O LIVRO *O ANJO E O LÍDER*, DE NICOLAI CURSINO. ELE CONTA A HISTÓRIA DE UM LÍDER QUE PASSA POR UMA JORNADA DE TRANSFORMAÇÃO PESSOAL TÃO PROFUNDA QUE ACABA REVISANDO SEU PROPÓSITO, SUAS CRENÇAS E O IMPACTO DE SUA EMPRESA NO MUNDO.**

BRANDING

O *branding* é o resultado final de uma declaração de identidade, a parte visível do trabalho. A construção da marca de uma empresa é de suprema importância para ela, entretanto, pouquíssimas companhias dão a isso o valor necessário. Aliás, isso também é culpa do mercado publicitário. Mesmo saturado, a maioria das pessoas que nele trabalha não entende a importância do *branding*.

O fato é que, seja esse trabalho bem feito ou não, é a marca de uma empresa que dirá quem ela é. Por definição, *branding* se refere às características descritivas de uma marca: identificações verbais e símbolos, como nome, logo e toda a identidade visual que representam a essência de uma empresa, um produto ou um serviço.

Porém, sendo um trabalho imagético (como de fato é), o *branding* é muito mais que palavras e elementos inseridos. De maneira energética, ele é responsável por toda conduta realizada dentro de uma empresa, e para ela. As próprias ações de seus colaboradores são uma consequência direta de quem essa empresa é – de sua identidade.

A importância desse trabalho pode ser facilmente compreendida se considerarmos que ao mexer nesse nível da pirâmide, estaremos mexendo em 90% da nossa empresa. Isso mesmo! Sua empresa e, consequentemente, seus resultados mais práticos, são todos afetados por um trabalho de identidade bem feito.

DIFERENCIAÇÃO E AUTENTICIDADE

O verdadeiro valor de encontrarmos a essência de quem somos está no fato de ela representar o nosso filtro do mundo em que vivemos. O que nossa empresa representa e o quanto ela contribui com o sistema é um resultado de quem ela é. Se nos mantivermos presos a conceitos formados pelos outros, enxergaremos o mundo com os olhos alheios. Se ela continuar somente a obedecer às regras impostas pela cultura, não conseguirá se diferenciar; ela será apenas uma representação do que outros também são.

> "NÓS SÓ VEMOS AQUILO QUE SOMOS. INGÊNUOS, PENSAMOS QUE OS OLHOS SÃO PUROS, DIGNOS DE CONFIANÇA, QUE ELES REALMENTE VEEM AS COISAS TAIS COMO SÃO. PURO ENGANO. OS OLHOS SÃO PINTORES: PINTAM O MUNDO DE FORA COM AS CORES QUE MORAM DENTRO DELES. OLHO LUMINOSO VÊ O MUNDO COLORIDO; OLHO TREVOSO VÊ O MUNDO NEGRO."
>
> Rubem Alves

Há décadas ouvimos professores de *marketing* e publicidade mencionarem a expressão "desejos dos consumidores". Já assisti a centenas de palestras sobre o tema "Ouça seus clientes". Em boa parte, essa afirmação é correta e ótima para se traçar uma estratégia. De fato, ouvir o cliente é uma qualidade raríssima e pode nos levar a alcançar ótimos resultados. Porém, não acredito que isso seja o mais eficiente. Também não acho que seja o conceito mais importante para nos levar à posição de empresa querida e nos garantir resultados. Além disso, essa não é a forma ideal para conduzirmos nossos trabalhos, tampouco para traçarmos nosso caminho.

VEJA A SEGUIR O PORQUÊ:

1 – Tentar se adequar ao consumidor e não a quem sua empresa é de verdade, é o mesmo que passar sua vida fingindo ser alguém que não é, só para pertencer a um grupo.

O conceito de *marketing* "adeque sua mensagem ao público" é antiga. Para encontrar seu público, uma empresa precisa declarar aquilo que ela é de verdade, atraindo-o naturalmente. Outra coisa importante: você não precisa conquistar aqueles que não têm valores parecidos com os seus.
Da mesma forma que uma pessoa ao se assumir – seja por opção sexual, seja por preferências consideradas esquisitas – ganha novos amigos que condizem com a sua real condição, o mesmo acontece com as empresas. Se fizermos um trabalho que permita que realmente nos encontremos, e então nos declararmos em relação a isso, milhares de pessoas se engajarão conosco. A verdade conquista.

2 – Não haverá diferenciação entre você e seu concorrente.

Para cada nicho de mercado específico há um público definido (ou até mais de um). Se todas as empresas desse nicho decidissem "ouvir" seus clientes antes de tomar suas decisões, todos os produtos e todas as suas características seriam parecidas. Nesse caso, no nível de identidade, teríamos diversas empresas com a mesma cara.

3 - Os consumidores nem sempre sabem o que desejam.

> "SE EU TIVESSE PERGUNTADO ÀS PESSOAS O QUE QUERIAM, ELAS TERIAM RESPONDIDO: UM CAVALO MAIS RÁPIDO."
> Henry Ford

A frase acima já diz tudo, mas para exemplificar melhor contarei um caso famoso.

Uma marca de sabão para lavar roupas resolveu fazer uma pesquisa com seus consumidores. Seu objetivo era entender qual a característica mais relevante na decisão de compra. Uma devastadora maioria respondeu "ter roupas superbrancas e cores mais vibrantes". A resposta deixou muito claro o que a empresa precisava fazer com seu produto e com a sua comunicação: prometer e garantir roupas brancas mais brancas, além de cores mais brilhantes.

A partir dessa pesquisa houve uma corrida das marcas para prometer esse diferencial tão importante. Todavia, o que não ocorreu foi um questionamento mais profundo do que os consumidores realmente desejavam; um questionamento mais voltado ao sentimento do consumidor que à sua decisão racional.

Muitos anos depois, uma nova empresa de bens de consumo resolveu contratar antropólogos para questionar a descoberta anterior. Mantendo-se próximos dos consumidores, eles perceberam que depois que retiravam as roupas da máquina as donas de casa cheiravam a peça e esboçavam uma reação de felicidade (ou não!). Em nenhum momento eles comparavam a brancura das roupas ou o brilho das cores. Portanto, o que realmente engajava os consumidores era o sentimento de limpeza, não a verificação das cores e/ou da brancura. Essa nova descoberta foi muito mais eficiente para o engajamento do consumidor, e mostrou como um olhar somente para os dados do público, de forma racional, pode nos conduzir por caminhos equivocados.

4 – Que mudanças faremos no mundo se só atentarmos para aquilo que já é conhecido?

Se você for igual aos outros, o mundo não será impactado por sua empresa. O que seria da Apple se Steve Jobs pensasse somente no que o consumidor deseja? Estar conectado com a missão de quebrar paradigmas foi essencial para que a Apple conseguisse fazer transformações na forma como utilizávamos os aparelhos celulares (isso entre tantas outras transformações feitas pela empresa). Joey Reiman, um dos maiores consultores no quesito propósito, cita em seu livro *Propósito*:

> "PROFISSIONAIS DE CONSULTORIAS DE MARKETING E AGÊNCIAS DE PUBLICIDADE FREQUENTEMENTE ENCORAJAM AS ORGANIZAÇÕES A REFLETIR OS DESEJOS DO MERCADO. NO ENTANTO, ESSA POSTURA SOMENTE FAZ COM QUE AS EMPRESAS FABRIQUEM EXATAMENTE OS MESMOS PRODUTOS E SE PORTEM DA MESMA MANEIRA. E, POR ISSO, IMPEDE A ORGANIZAÇÃO DE CUMPRIR SEU VERDADEIRO DESTINO. TENTAR SER ALGO QUE VOCÊ NÃO É NÃO FUNCIONA EM UM MUNDO QUE EXIGE AUTENTICIDADE. MAS QUANDO SUA HISTÓRIA TEM ORIGEM NO CORAÇÃO DOS FUNDADORES, ATÉ MESMO INVENTAR A ORIGEM DE SEU PRODUTO É POSSÍVEL."

Como tudo isso, as novas diretrizes maiores do *marketing* devem ser: seja fiel ao que você é de verdade. Seja autêntico. Crie produtos e se posicione. Faça sua comunicação de acordo com aquilo em que você acredita de verdade. Saiba que ao seguir essas regras você atrairá o seu público – e o mais fiel que possa existir.

CULTURAS INOVADORAS

O trabalho de encontrar a sua essência é também o princípio de qualquer empresa inovadora. Não acho que ser inovador o tempo todo seja essencial no mundo dos negócios, porém, a inovação é uma característica cada vez mais valorizada, e faz parte da cultura das empresas mais valiosas do mundo atual.

Todavia, acredito que o conceito de "cultura inovadora" seja quase sempre tratado pelo viés errado. Buscando obter essa vantagem competitiva, ou mesmo tornar suas equipes mais inovadoras, empresas de diversos tamanhos buscam ferramentas que consigam atingir esse objetivo. Porém, elas acabam sempre se frustrando com o passar do tempo, quando percebem que a cultura da empresa não se transformou. Novamente, o que acontece aqui é que organizações tentam mudar uma cultura trabalhando no nível de comportamento. Por melhor que seja esse trabalho, se os valores de uma empresa, bem como a sua identidade, não derem suporte à inovação, esse comportamento não durará muito tempo – ou sequer será transformado.

As empresas que hoje são conhecidas como inovadoras – Netflix, Airbnb, Apple, Google, entre outras - são aquelas que possuem em sua identidade o valor inovação. Mais importante que esse fato, elas trabalham com ele de forma tão natural que nem sempre pensam em inovar quando estão inovando.

Isso acontece porque seu nível de identidade está superalinhado. Essas empresas se sentem seguras por serem o que são, e o declaram não só por meio de sua comunicação, mas também pelos seus produtos. Por isso, a inovação é a "filha" de um trabalho realizado nos níveis superiores de uma pirâmide neurológica. Todo o trabalho de encontrar quem você é de verdade, ou seja, sua autenticidade, é tornar-se naturalmente inovador.

Empresas inovadoras conseguiram tirar as máscaras que lhe foram impostas, desafiando o mundo e as regras pré-estabelecidas. Foram verdadeiras com aquilo em que acreditavam.

Tentar criar uma cultura inovadora, sem encontrar o verdadeiro motivo de existência da empresa, é como tentar inovar usando o método dos outros – o que por si só é o contrário de inovar.

EXERCÍCIO

BUSQUE JUNTO A PESSOAS PRÓXIMAS DE SUA EMPRESA – OU NEM TANTO – UM FEEDBACK SOBRE QUEM ELA É. NÃO TEM SEGREDO. A PERGUNTA É "PARA VOCÊ, QUEM É A MINHA EMPRESA?". E SE QUISER IR MAIS FUNDO, VOCÊ TAMBÉM PODERÁ APLICAR A PERGUNTA "QUEM SOU EU?". OUÇA AS RESPOSTAS COM O CORAÇÃO ABERTO E VERIFIQUE QUAIS RESSOARAM DENTRO DE VOCÊ OU DE FATO DIZEM ALGO A RESPEITO DE SUA EMPRESA.

Esse tipo de exercício é superimportante para gerar diversos *insights* e, principalmente, para entender quem somos. Pessoas de fora muitas vezes veem coisas em nós que são verdades escondidas.

Todas as vezes que pude orientar a realização ou participar efetivamente desse exercício, me surpreendi com os resultados gerados. Quase sempre a resposta é: nós não nos conhecemos como acreditávamos. Temos uma noção muito tênue de quem é a empresa à qual pertencemos.

Temos a péssima impressão de que não precisamos de *feedback*. Esso erro ocorre mais frequentemente com empresas e líderes de sucesso. O pensamento "cheguei até aqui sozinho" gera uma percepção de que as pessoas abaixo de nós não possuem a capacidade de nos dar *feedback*. Um pai de família pode pensar "eu sou o pai. Quem os meus filhos pensam que são para me dar feedback?". Mas a pergunta é: quem melhor do que os seus filhos para te dizer que tipo de pai você é?"

PARTE 3

AS EMPRESAS ESPIRITUALIZADAS

Uma empresa que age no mundo no nível do "porquê" (*Golden Circle*), declarando ao mundo sua verdade, suas crenças e sua identidade, engajará muito mais pessoas, sejam elas clientes ou funcionários. Ela exercerá um maior impacto no mundo e, consequentemente, alcançará mais resultados.

Porém, é possível ir além e obter tudo isso em níveis maiores. Ou seja, é exequível atingir aquilo que, talvez inconscientemente, seja o nosso desejo mais profundo: agir no nível mais alto da pirâmide, o da espiritualidade.

Enquanto no nível de identidade estamos trabalhando com a missão de uma empresa, no da espiritualidade estamos falando de "transmissão" – de transmitir sua missão para o mundo. Neste sentido, duas perguntas que cabem aqui são: 1) "Para quem?" e 2) "Em que nível eu afeto o sistema ao meu redor?"

FIGURA: PIRÂMIDE DE NÍVEIS NEUROLÓGICOS – ESPIRITUALIDADE

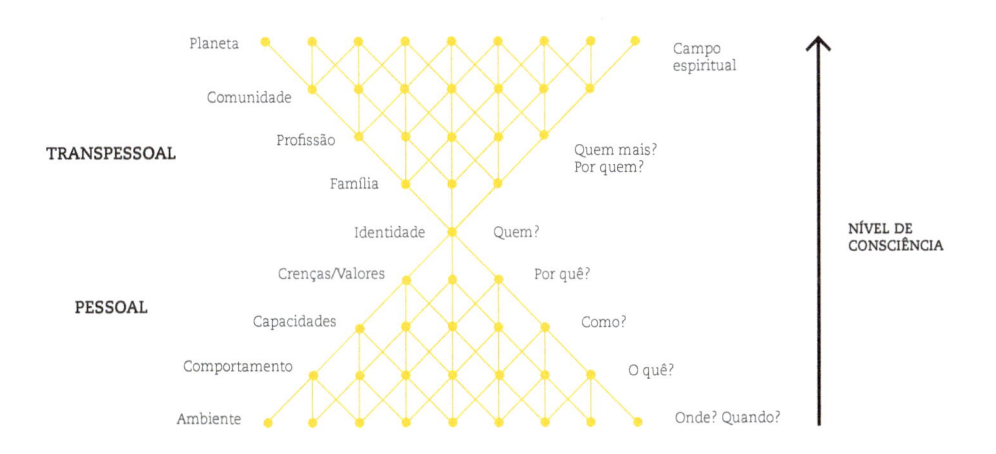

TRANSPESSOAL
- Planeta
- Comunidade
- Profissão
- Família

PESSOAL
- Identidade — Quem?
- Crenças/Valores — Por quê?
- Capacidades — Como?
- Comportamento — O quê?
- Ambiente — Onde? Quando?

Campo espiritual — Quem mais? Por quem?

NÍVEL DE CONSCIÊNCIA

Gosto muito da pirâmide acima. Ela é uma adaptação feita pelo próprio Robert Dilts, que mostra de que maneira os trabalhos em níveis neurológicos se ampliam após a entrada no nível da espiritualidade.

Nossa identidade é responsável pela nossa atuação em todos os níveis abaixo – nosso ambiente, nossos comportamentos, nossas capacidades e nossas crenças. Tudo gira em torno de olharmos para dentro de nós mesmos e descobrirmos quem somos de fato. Quando chegamos ao nível da espiritualidade, nossa visão muda de sentido e se concentra no que está do lado de fora. Ao encontrar o nível espiritual, faz parte do processo de crescimento do ser humano começar a questionar seu impacto no mundo e, ao mesmo tempo, querer se tornar cada vez mais um agente de transformação. Exemplos disso são os grandes mestres da humanidade e como sempre conduziram suas vidas baseadas no outro e na consequente transformação do mundo.

Após um trabalho profundo na missão/identidade de nossa empresa, a pergunta seguinte diz respeito à transmissão. Ou seja, para quem estamos fazendo o que está sendo feito. Qual o sentido social, ou sistêmico, da existência de nossa empresa?

Se no nível de identidade já compreendemos que qualquer transformação dentro dele irá gerar uma transformação natural nos níveis inferiores, aqui a mudança será ainda maior, mais profunda e transformadora.

Assim, abre-se um campo inteiramente novo a ser trabalhado, que se revela na forma de uma pirâmide nova e invertida. Esta, por sua vez, já não fala mais sobre nós, mas de nossa influência sobre o mundo.

Importante: a sequência dos capítulos anteriores – passando pela base da pirâmide, perambulando pelo nível de crenças e, posteriormente, pela identidade – foi proposital. Ela discorre sobre a jornada a ser seguida para se conseguir entrar de maneira consciente no nível de espiritualidade. Passar pelos outros níveis é fundamental para que a espiritualidade seja 100% aceita e exercida de forma natural.

Já testemunhei um incontável número de empresas discorrer sobre a criação de um propósito como se isso fosse apenas uma "visita ao nível de espiritualidade", sem, entretanto, passar antes por um processo de autoconhecimento. Esse tipo de trabalho pode até gerar uma realização momentânea, porém, isso não se sustentará com o tempo, tampouco – e principalmente – engajará de maneira profunda as pessoas que estiverem em contato com essa empresa.

3.1 - O QUE É UMA EMPRESA ESPIRITUALIZADA?

A resposta para isso não é simples. De fato, são diversos os fatores que podem se combinar dentro de uma empresa espiritualizada. A intenção aqui não é apontar características em busca de uma possível perfeição, até porque faz parte de uma empresa espiritualizada entender e aceitar o fato de não existir nada perfeito.

Outro fato a se destacar é que o processo de crescimento espiritual é uma jornada eterna (quem sabe um dia conseguirei escrever um livro sobre "Empresas Iluminadas", e nele descrever o processo de autorrealização). Por isso, chamaremos de empresas espiritualizadas aquelas que adentraram esse caminho, enfrentaram os processos já comentados e alcançaram níveis de consciência mais evoluídos – cada qual num grau diferente.

Assim, adotando para esse processo uma abordagem mais prática, podemos dizer que uma empresa espiritualizada é, em sua essência, aquela preocupada com algo maior que ela própria, cujas ações acontecem de forma fluída e amorosa rumo ao seu propósito.

Aliás, ela acredita tanto em seu propósito que ele se torna parte dela. Sua felicidade é fazer algo pelo outro, e transformar de algum modo o sistema em que vive. Tudo isso gera uma satisfação maior a curto e longo prazos. Ver o seu propósito sendo cumprido é o que a inspira a continuar crescendo cada vez mais, inclusive financeiramente. Assim ela será capaz de aumentar cada vez mais o lindo impacto que causa no mundo. É isso que constrói a felicidade corporativa.

COMO É ESSA EMPRESA?

Para entendermos esse conceito no mundo das organizações, podemos fazer um paralelo com pessoas. Pense em pessoas, amigos ou não, que você considera "espiritualizadas" e analise quais de suas características o fizeram escolhê-la(s). Provavelmente as respostas serão parecidas com algo do tipo: "ela está sempre bem", "ela é muito amorosa", "ela parece ter uma sabedoria imensa", "ela sempre está aberta a ajudar os outros", entre várias possibilidades. De alguma maneira, quando pergunto que tipo de respostas surgiram em sua mente, quase sempre serão considerados elementos como amor e fé, que poderão estar sendo representados no indivíduo escolhido na forma de calma, confiança ou segurança.

Eu tenho alguns mestres contemporâneos que considero espiritualizados: Osho, Eckhart Tolle, Gandhi, Nelson Mandela, Yogananda, Alan Wats, Mooji, Krishnamurti, entre outros, que representam para mim essa essência. Analisando essas pessoas, é possível perceber algumas características comuns:

- *Profundo autoconhecimento e domínio dos processos de crescimento espiritual;*

- *Elevadíssimo senso de propósito voltado para a ajuda ao próximo;*

- *Pleno estado de presença (fluidez, calma etc.);*

- *Amor incondicional;*

- *Fé como natureza das próprias ações.*

Empresas espiritualizadas possuem características semelhantes, e assim como no caso dos nossos amigos e conhecidos, a melhor forma de reconhecê-las é por intermédio dos sentimentos e da conexão que elas têm com suas emoções. A diferença é que uma empresa é um conjunto de pessoas dentro de um sistema construído também por uma pessoa (ou mais de uma) – seu(s) fundador(es). Mesmo assim, ainda não conheço melhor maneira de identificar o que há de mais verdadeiro em uma empresa que sentindo a energia que flui dentro dela. Conhecer as ferramentas de PNL (em especial os níveis neurológicos), as de desenvolvimento pessoal (os processos da psique humana) e ter percepção de campo energético são coisas que me ajudam muito nesse diagnóstico.

Todavia, mesmo com tudo isso é importante tentarmos expor na prática, e de modo racional, as características que permeiam uma empresa no caminho da espiritualidade. Isso nos ajudará a reconhecer os fundamentos e algumas características dessas empresas inspiradoras.

FIGURA: CAMADAS DE CONSCIÊNCIA

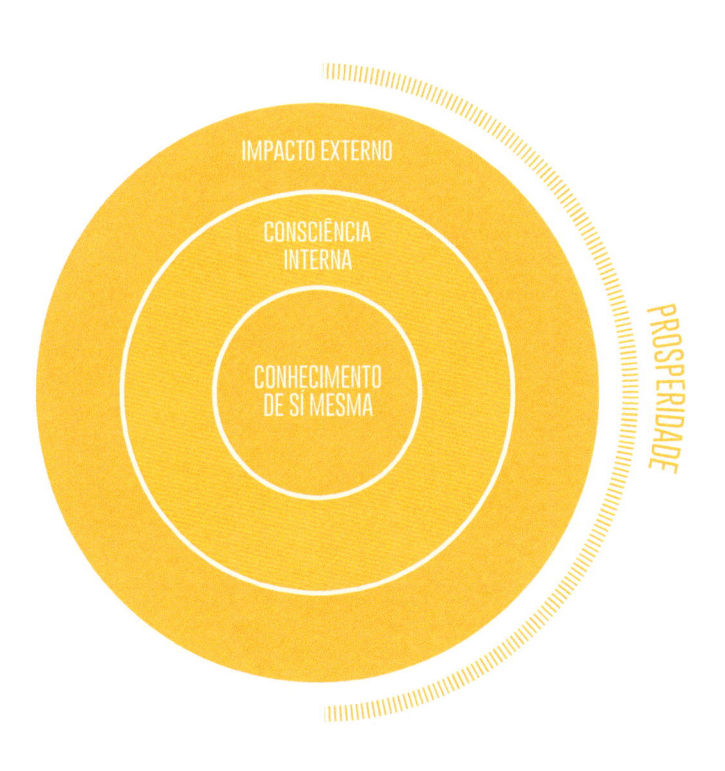

IMPACTO EXTERNO

CONSCIÊNCIA INTERNA

CONHECIMENTO DE SI MESMA

PROSPERIDADE

Na Novo Mundo, empresa de certificação de empresas espiritualizadas, usamos a mesma lógica de análise via níveis neurológicos. Assim, observamos 3 camadas dentro de uma organização: o conhecimento de sua essência; o nível de consciência de sua equipe, de seus líderes, dos seus processos etc.; e o impacto que ela causa no sistema.

Não é coincidência que os diagramas usados aqui sejam similares. Assim como no *Golden Circle*, há uma relação de importância que vai do centro do círculo para fora. Empresas inspiradoras conhecem muito bem a si mesmas (o Why), e iniciam seus discursos e sua comunicação sempre a partir dessa verdade.

O círculo externo diz mais sobre a vida e os resultados práticos. É onde acontece a maior parte da vida e por isso é maior. Neste sentido, há também uma relação direta com a pirâmide de níveis neurológicos, principalmente a que é dividida em 3 partes – cotidiano, estratégia e essência.

FIGURA: CAMADAS DE CONSCIÊNCIA NA PRÁTICA

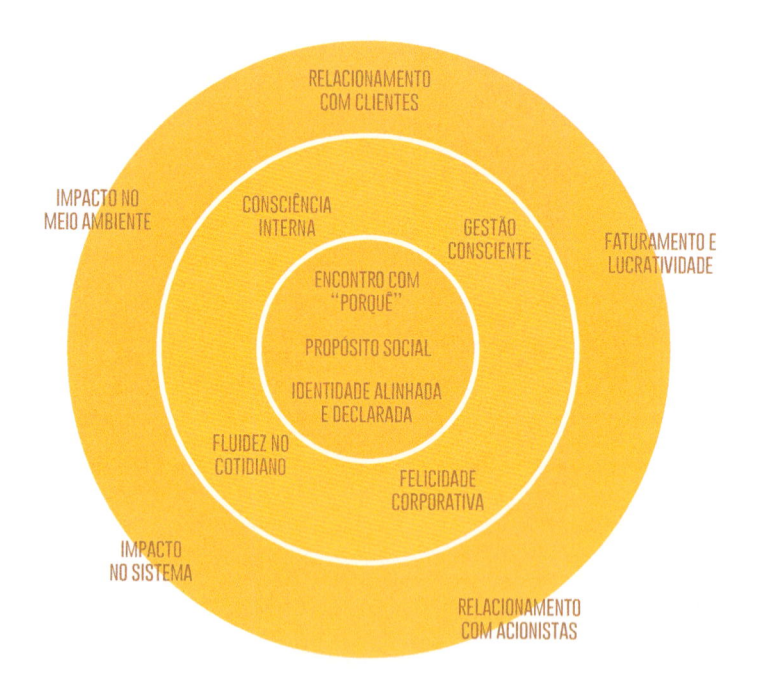

Círculo externo: RELACIONAMENTO COM CLIENTES, FATURAMENTO E LUCRATIVIDADE, RELACIONAMENTO COM ACIONISTAS, IMPACTO NO SISTEMA, IMPACTO NO MEIO AMBIENTE.

Círculo do meio: CONSCIÊNCIA INTERNA, GESTÃO CONSCIENTE, FELICIDADE CORPORATIVA, FLUIDEZ NO COTIDIANO.

Círculo interno: ENCONTRO COM "PORQUÊ", PROPÓSITO SOCIAL, IDENTIDADE ALINHADA E DECLARADA.

1 – UMA EMPRESA ESPIRITUALIZADA CONHECE SUA ESSÊNCIA

Espelhamos aquilo que nosso universo expressa. Da mesma forma, os resultados de uma empresa refletem aquilo que ela é. Uma empresa que respira bondade com certeza espalhará isso por todo ambiente a sua volta.

Por isso, como já vimos, é importante começar olhando para dentro da nossa empresa e dos seus líderes. Sem isso, os resultados poderão espelhar também as sombras e barreiras presentes na essência dessa companhia. Importante ressaltar que essas sombras e barreiras provavelmente atrairão pessoas com essas mesmas características – ou, pior, elas entrarão em conflito com pessoas cujas crenças sejam possibilitadoras, que poderiam inclusive auxiliar no crescimento dessa empresa.

Promover uma autoinvestigação é o melhor que uma empresa poderá fazer por si mesma em seu caminho rumo à espiritualidade. É assim que conheceremos as crenças limitantes que estão impedindo o seu crescimento.

E também é somente dessa maneira que encontraremos propósitos: conhecendo primeiramente a nós mesmos.

FIGURA: DIAGRAMA DO PROPÓSITO[4]

[Diagrama de Venn com quatro círculos sobrepostos: SUA PAIXÃO, SEU TALENTO, SEU LEGADO, SEU TRABALHO. As intersecções mostram: PAIXÃO, MISSÃO, PROFISSÃO, VOCAÇÃO. No centro: PROPÓSITO.]

---

[4] Imagem retirada da *web*. Autor desconhecido. (N.A.)

ESPAÇO FLOR DAS ÁGUAS

Peço licença para falar um pouco sobre o local onde estou nesse momento, no interior de São Paulo. Eu havia agendado uma visita a esse casal de amigos que possui um espaço de vivências voltadas para o autoconhecimento. Aproveitei a viagem e permaneci alguns dias nessa pousada para me concentrar em escrever esse livro. Como já comentei, quase sempre escrevo após uma longa meditação em locais especiais.

Então, após uma longa conversa com esses amigos, reparei na sincronicidade das coisas: o capítulo cujo foco é a espiritualidade dentro de organizações, é visto na prática aqui.

O Flor das Águas é um espaço de vivências; uma comunidade onde vivem pessoas do mundo inteiro e que colaboram entre si para o crescimento da coletividade, de modo a conseguir resultados positivos para todos os envolvidos. Sua estrutura possui diversas equipes, cada qual responsável pelo cumprimento de funções específicas – financeira, administrativa, *marketing*, entre outras. As decisões são sempre tomadas em conjunto, analisando-se os fatores trazidos para a mesa pelo responsável. A partir disso, é natural que imaginemos o local como uma empresa tradicional, do tipo que estamos acostumados a ver. Mas não é.

Embora analisando-o por uma perspectiva emocional, o Flor das Águas se pareça mais com uma comunidade de amigos gerenciando as "férias da turma", ela é muito mais que isso. Diversos processos e um grande número de variáveis demonstram como, na verdade, ela é uma empresa comum, mas já bastante dentro do caminho de uma empresa espiritualizada.

Como veremos a seguir, ela é multifacetada e possui diversos núcleos (produtos), todos unidos por um único propósito: mostrar às pessoas uma nova forma de ser e viver, mais consciente e mais plena.

O espaço nasceu naturalmente da vivência pessoal dos seus donos. O longo caminho de autoconhecimento que trilharam, os fizeram se conectar com esse propósito e trabalhar em nome dele. Tudo de uma forma muito fluída, respeitando a própria felicidade e mantendo o foco na transformação do mundo. Foi somente olhando para dentro que puderam criar algo tão bonito.

SAIBA MAIS SOBRE O **FLOR DAS ÁGUAS.**

Acesse:
empr.ee/video4

2 – UMA EMPRESA ESPIRITUALIZADA POSSUI UM ALTO NÍVEL DE CONSCIÊNCIA NA CONDUÇÃO DE SUA EXISTÊNCIA

O cotidiano de uma empresa espiritualizada é muito diferente daquele de uma empresa tradicional. O fato de olhar para dentro e conhecer a si mesmo lhe permite saber a razão de sua existência. Em contato direto com essa razão, o motivo para estar trabalhando se revela totalmente diferente. O cotidiano fica mais fluído e os problemas passam a ser encarados como desafios mais leves. Como veremos, o propósito, portanto, tem mais a ver com a jornada que está sendo trilhada, não com uma meta a ser atingida.

Porém, o fato de serem empresas mais leves e fluídas não significa, de forma alguma, que ali se trabalhe pouco. Pelo contrário, empresas muito conectadas com seu propósito trabalham bastante, e cada vez mais, para realizá-lo.

Essa empresa está mais preocupada em saber "como" seus processos estão sendo executados e "como" estão seus colaboradores e os líderes da empresa. Há uma preocupação com todos os níveis visíveis da pirâmide – o ambiente, o comportamento e a capacidade –, assim como com o grau de consciência de cada parte dessa organização.

Veja que essa preocupação transcende o espaço de trabalho. Trata-se de compaixão com o indivíduo, e não mais um cuidado com os resultados que ele traz. É uma empresa que respira AMOR, o ingrediente básico de uma empresa espiritualizada.

SANTO GRÃO

Tive a imensa felicidade de ser convidado para trabalhar em um programa de líderes da Santo Grão, uma rede de cafeteria superconceituada cujo o objetivo do treinamento contratado era treinar a prática do amor junto aos seus líderes.

A empresa tem como propósito espalhar amor pelo mundo, e esse treinamento foi uma das ferramentas usadas para trabalhar o "meio do círculo", a consciência dos líderes para que eles sejam os agentes propagadores desse valor entre todos os funcionários.

Aliás, essa empresa é famosa pelo seu processo de condução de equipe, dando liberdade para que todos colaboradores possam expressar suas verdades e suas emoções. A carreira dessas pessoas dentro da empresa depende muito delas mesmas, o que lhes permite se tornarem donas de novas unidades, como já aconteceu com diversos funcionários que hoje possuem suas próprias lojas.

Qualquer que seja o café que você vá, a energia interna da equipe e dos processos da Santo Grão, transmite espiritualidade.

3 – UMA EMPRESA ESPIRITUALIZADA CAUSA IMPACTOS EXTERNOS POSITIVOS

Por fim, e tão importante quanto, as empresas espiritualizadas estão olhando para fora, sempre focadas no impacto que seus negócios estão causando no sistema. Não se trata, entretanto, de uma preocupação específica, como o "impacto que a empresa causa no meio ambiente". É um desejo verdadeiro de promover um impacto positivo sobre o mundo como um todo. Ou seja, essas companhias estão 100% comprometidas com seu propósito.

O amor aqui é expressado e entregue para todos os envolvidos: clientes, acionistas, fornecedores, parceiros etc.

YUNUS SOCIAL BUSINESS GLOBAL INITIATIVES

Muhammad Yunus é talvez um dos maiores nomes dessa "nova consciência corporativa". Ele recebeu o Prêmio Nobel da Paz em 2006 pela criação do Grameen Bank e do conceito de microcrédito, o que fez prosperar muitos pequenos empreendedores. O objetivo desse banco foi oferecer empréstimos a milhares de famílias, o que, por sua vez, permitiu o surgimento de um grande número de negócios em muitos países.

A Yunus Social Business é uma espécie de "incubadora de negócios sociais". Ou seja, ela fomenta negócios que existem para melhorar o mundo, e não necessariamente para gerar lucro.

"Muita gente diz que isso não é um negócio de verdade. Se não tem lucro, não é negócio. De onde vem essa definição? É negócio, sim. É decisão minha não ter lucro. Se a teoria não se encaixa no que eu criei, não sou eu quem está errado; é a teoria. O capitalismo é uma ideia maravilhosa, porque dá opções. O problema está na ideia de que é preciso maximizar lucros, e que só isso é aceitável como negócio. Não somos robôs fazedores de dinheiro. A vida não pode ser reduzida a uma busca egoísta como essa."

Muhammad Yunus

Fonte: matéria da revista TRIP #245 – Julho/2015

Um dos trabalhos mais famosos realizado por Yunus foi a criação da Grameen Danone Foods, uma *joint-venture* entre o grupo Grameen e a multinacional francesa Danone.

O negócio social nasceu de um desejo do *chairman* da Danone, que procurava resgatar os ideais de seu pai com uma belíssima missão: combater a desnutrição. Para isso foi criado um produto específico: um iogurte muito barato, enriquecido com vitaminas e minerais em quantidades suficientes para tirar uma pessoa da desnutrição, que deveria ser ingerido duas vezes por semana.

Os ingredientes para produção do iogurte são todos comprados por produtores locais e fabricados com o uso de alta tecnologia, diminuindo assim a carga horária dos trabalhadores. A venda é feita de porta em porta por pequenos distribuidores locais. Além disso, a energia necessária para o aquecimento da água na fábrica é toda solar e as embalagens são 100% biodegradáveis.

O objetivo do negócio não era o lucro, e sim: 1) oferecer um produto de valor nutricional elevado; 2) criar empregos; 3) proteger o meio ambiente; e 4) ser economicamente viável.

Esse é um novo modelo de pensamento, de caráter bem mais social, onde o lucro não é o foco do trabalho e sim a transformação do mundo.

> *"Você pode não morrer de amores por esse modelo – e eu quero discussão, quero ouvir críticas. Mas não pode simplesmente dizer 'não funciona' ou 'não é real'."*
>
> Muhammad Yunus
>
> Fonte: matéria da revista TRIP #245 – Julho/2015

4 – COMO RESULTADO, UMA EMPRESA ESPIRITUALIZADA GERA PROSPERIDADE

A prosperidade é sempre fruto do trabalho de uma empresa espiritualizada. De fato, um número infinito de frutos positivos é gerado a partir do trabalho dessa empresa, tanto no micro quanto no macroambiente.

A prosperidade é um estado de ser, passível a todas as coisas. Quando nos sentimos prósperos, entendemos que todos os recursos necessários para a nossa essência são abundantes.

O sentido de abundância é o contrário da sensação de escassez, que se concentra no medo. Uma empresa que vive pelo paradigma da escassez acredita que não há recursos para todos e, por isso, vive limitando seu próprio trabalho. "Já que não há suficiente para todos, precisamos competir para ver quem ficará com o quê". Nesse contexto, todos são concorrentes e terão de lutar para sobreviver.

A abundância se baseia no amor. Nela há recursos suficientes para que possamos ter uma vida plena e harmônica.

Outra característica desse estado é saber que, já que tudo é infinito, não precisamos mais reter ou poupar os recursos, somente cuidar deles. Aquilo que é abundante precisa estar em constante movimento. Assim, o próspero se torna um canal, um fluxo desse infinito.

> [*A árvore é o símbolo da prosperidade, pois seu ciclo é infinito. Nada lhe falta. Para ela, até aquilo que cai é semente para a sua existência contínua. Metaforicamente, a árvore tem consciência de que pertence a algo maior (uma floresta, a natureza etc.). Tendo esse conhecimento, ela sabe que por mais que sua vida se esvaia, seus frutos serão os filhos da floresta, e jamais deixarão de existir.*]

Hoje, o símbolo maior da prosperidade é a riqueza financeira. Tanto que, às vezes, ela chega a ser confundida com o próprio conceito de prosperidade.

Nenhum recurso é bom ou ruim, ele é somente um recurso. A forma como usamos esse recurso é que pode ser boa ou ruim. Se uma pessoa usa um recurso para o mal, é a pessoa que é ruim, não o recurso.

Recursos devem ser um meio para se atingir algo; é uma ferramenta que temos para chegar aonde queremos. A riqueza financeira também – ela não deve ser um fim em si mesma e, para ser próspera, precisa servir como um meio. Por sua vez, sendo um meio, quanto mais dinheiro, melhor!

Com o extremo poder que detém no mundo atual (e vale ressaltar que o poder é outro recurso importante), a riqueza financeira deve ser muito bem-vinda em toda empresa espiritualizada. Essa riqueza é ponto-chave para que o propósito possa influenciar o mundo enormemente.

SOBRE ESSE TEMA, INDICO O LIVRO
***CRIANDO PROSPERIDADE*, DE DEEPAK CHOPRA.**

WHOLE FOODS MARKET

Existem diversas empresas que podemos considerar casos de sucesso, gerando prosperidade para si e para o mundo, mas para exemplificar gosto muito da história da Whole Foods Market. John Mackey, um de seus fundadores, além de ser uma pessoa superconectada com um lindo propósito, é também um dos principais escritores sobre o tema "consciência nas organizações". Toda a sua história, e a de sua empresa, vale uma leitura à parte. Porém, quero destacar algumas ações e alguns números que mostram quanta prosperidade é gerada por essa empresa:

A Whole Foods é uma cadeia de supermercados que só vende produtos orgânicos em suas 456 filiais espalhadas pelos EUA, Canadá e Reino Unido, com mais de 73 mil funcionários. Sua receita em 2016 ultrapassou a marca de 15 bilhões de dólares.

A empresa dá preferência a compras realizadas diretamente com produtores locais, comprometidos com a qualidade dos alimentos. Além de fomentar os negócios locais, a Whole Foods também ajuda nos processos que dizem respeito ao dia a dia desses produtores: logística, embalagens, fornecedores etc.

Passando por todas as camadas, seus 8 valores pregam, entre outras coisas: a qualidade de seus produtos; a felicidade de seus funcionários e todos *stakeholders*; educação alimentar; lucratividade; crescimento; relação ganha-ganha com seus fornecedores, entre outras.

FIGURA: PARADIGMA DA ABUNDÂNCIA[5]

PARADIGMA DA ESCASSEZ

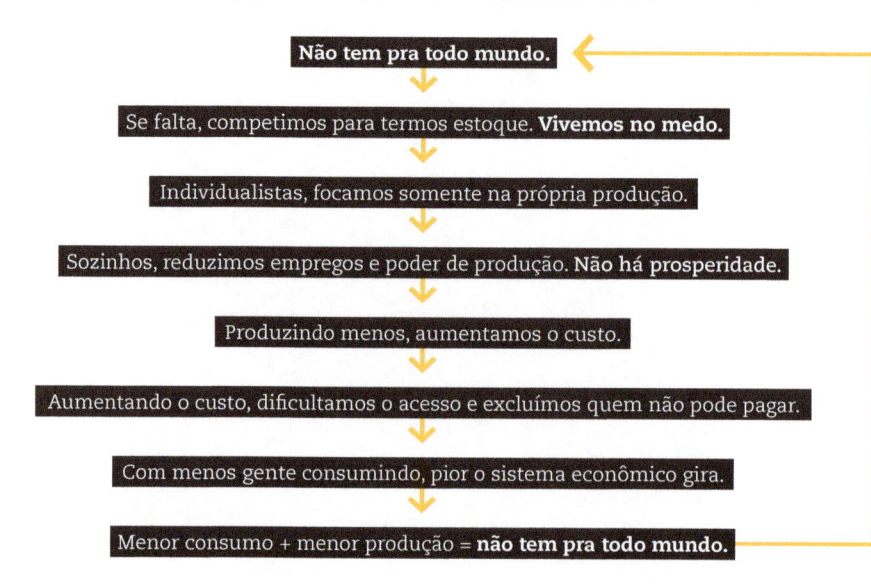

Não tem pra todo mundo.

↓

Se falta, competimos para termos estoque. **Vivemos no medo.**

↓

Individualistas, focamos somente na própria produção.

↓

Sozinhos, reduzimos empregos e poder de produção. **Não há prosperidade.**

↓

Produzindo menos, aumentamos o custo.

↓

Aumentando o custo, dificultamos o acesso e excluímos quem não pode pagar.

↓

Com menos gente consumindo, pior o sistema econômico gira.

↓

Menor consumo + menor produção = **não tem pra todo mundo.**

PARADIGMA DA ABUNDÂNCIA

Tem pra todo mundo.

↓

Se tem, ao invés de competir colaboramos para criar. **Vivemos na compaixão e no amor.**

↓

Colaborando, somos capazes de criar mais.

↓

Criando mais, geramos empregos e aumentamos o poder de produção. **Há prosperidade.**

↓

Aumentando a produção, diminuimos o custo.

↓

Diminuindo o custo, damos maior acessibilidade à todos

↓

Com mais acessibilidade, maior é o consumo e melhor o sistema econômico gira.

↓

Mais consumo + mais produção = **tem para todo mundo.**

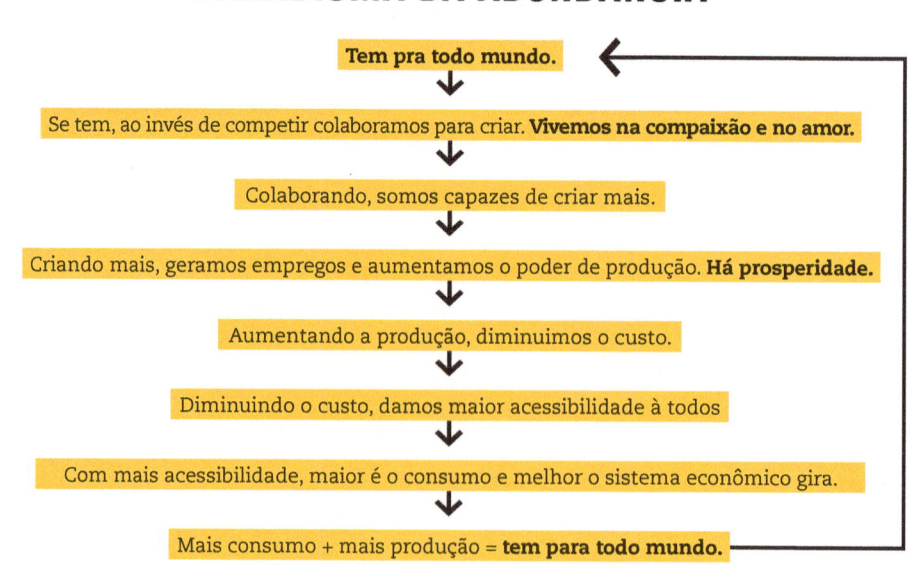

[5] Desenho inspirado nos paradigmas da "escassez" e da "abundância". Disponível na *web*, autor desconhecido. (N.A.)

3.2 - INGREDIENTES

Vimos quais são os níveis que devemos observar para (re)construirmos uma empresa, colocando-a no caminho da espiritualidade. Agora, conscientes desses pilares, o que devemos considerar dentro deles? Quais ingredientes devem permear essa empresa?

PRIMEIRO INGREDIENTE:

Propósito

Segundo definição do dicionário Houaiss, a palavra propósito significa "aquilo que se busca alcançar" ou, como eu prefiro "grande vontade de realizar algo". Ou, se quisermos simplificar as coisas, é propor algo. Roy Spence e Haley Rushing, em seu livro *It's not what you sell, its what you stand for* (Não é o que você vende, mas o que defende), definem esse termo como "uma declaração definitiva sobre a diferença que você está tentando fazer". Dentro dessa visão, propósito é uma das partes centrais de uma empresa espiritualizada.

Há décadas esse tema vem sendo discutido. Tempos atrás, o foco estava numa perspectiva mais social, numa visão ligada à ideia de tornar o negócio mais humano, com uma preocupação voltada para o outro. Esses conceitos são descendentes do *marketing* social, nascido na década de 1990.

Nos últimos anos, entretanto, alguns autores e nomes consagrados no mercado, começaram a considerar propósito como um dos focos importantes na condução dos negócios. Algumas dessas pessoas (em maior ou menor grau) até passam por essa visão "do outro", porém, a maioria aborda o tema com o seguinte foco: olhar para dentro, no limiar do nível da identidade, num trabalho similar àquele de encontrar uma missão. Como vimos, enquanto o propósito está no topo da pirâmide e se refere ao impacto que seu trabalho (ou sua identidade) terá no sistema, a missão está no nível abaixo, em uma referência a quem você é e a que papel desempenha na realização desse propósito.

De alguma maneira, as visões sempre estiveram juntas, mas enquanto a primeira é mais humanitária e vê esse tema com um olhar mais voltado para o "outro", a segunda volta esse olhar para dentro. Nenhuma das duas visões se excluem ou se contradizem, pelo contrário, elas se somam.

Poucas pessoas compreendem profundamente o poder do propósito. Como vimos, os níveis superiores da pirâmide são os mais fortes para se realizar mudanças profundas em uma organização, capazes de mover montanhas. O nível da espiritualidade, onde se encontra o propósito, revela-se ainda mais engajador e possibilitador do que o nível da identidade.

Porém é importante entender que todos os níveis da pirâmide devem possuir o mesmo grau de atenção dentro de uma empresa. De nada adiantará uma identidade declarada junto ao seu proposito se os comportamentos ou as habilidades de uma empresa não estiverem funcionando. Quando tudo está alinhado, há uma sensação de se estar completo e tranquilo com aquilo que está sendo feito. O fazer não se torna um esforço, se torna uma vontade. E o que nos leva a esse sentimento é uma extrema paixão por aquilo que fazemos. De alguma forma começamos a trabalhar por um motivo maior.

[
Motivo vem do latim motivum, *que significa*
"CAUSA EM MOVIMENTO".
]

Propósito é algo intrínseco a uma empresa espiritualizada porque, por ser do topo da pirâmide, ele conduzirá todas as ações a respeito dessa empresa. Uma companhia que tem em seu propósito algo como "levar conforto" para o mundo, não pode entregar aos seus funcionários um ambiente e um dia-a-dia desconfortáveis.

De onde vem?

Propósitos geralmente nascem junto com a ideia de criação da empresa. Mesmo inconscientemente, o fato de gastar energia no processo de abertura de uma empresa diz muito sobre o engajamento e a paixão envolvidos nessa criação.

O encontro com esse propósito acontece simultaneamente com a missão e a identidade da empresa. Ouço muito frases como "mas não sei qual é o meu propósito e nem como encontrá-lo". Isso acontece porque na verdade, não sabemos quem somos.

Nesse processo é extremamente importante entender quais foram as máscaras colocadas dentro dessa empresa que a escondem de sua verdadeira identidade e, consequentemente, a impedem de se conectar com seu propósito. Como falamos anteriormente, é olhar para as próprias sombras para que consigamos curá-las. Sem esse acesso, qualquer conexão com propósito fica limitada e será boicotada em um curto período de tempo.

O mesmo acontece se forçamos o encontro com o propósito. Se sua empresa passou por um *brainstorm* onde vocês escolheram qual propósito fez mais sentido ou parecia mais legal, vocês estão longe de um propósito verdadeiro. Isso porque não é algo que escolhemos. Trata-se da essência natural, mesmo que inconsciente, de uma organização. O que acontece é que, preocupados com a própria sobrevivência, foca somente na sobrevivência (geralmente financeira) e se distanciam de seus propósitos, passando pelo que chamamos de momento de desconexão.

Outro fator comum para uma mudança ou distanciamento de propósito é a passada de bastão de uma governança para outra. Nessas empresas, encontrar o propósito é: buscar o motivo colocado na história da criação junto aos ingredientes que foram sendo adicionados durante a existência.

A entrada de novos líderes em cargos de relevância traz consigo novos valores, novas identidades e tipos diferentes de consciência. Nessa transição é muito importante que essa nova liderança entenda (e sinta) por completo o propósito da empresa e, com isso, possa agregar novos valores e identidade ao contexto. Caso essa liderança resolva incutir novos propósitos, sem respeitar o processo, haverá na empresa toda uma quebra de padrões. Os colaboradores que estavam engajados, com alto desempenho, poderão entrar em conflito (mesmo que não visivelmente), sentindo que novos valores estão sendo forçados ou vão contra os valores deles. Inconscientemente haverá algum tipo de resistência que poderá levar a um declínio nos resultados.

Simon Sinek diz em suas palestras que não costuma falar sobre empresas no qual o fundador ainda esteja no comando da mesma. Isso porque seu trabalho é falar sobre lideranças que constroem visões (*why*). Como os fundadores geralmente são a personificação da essência de uma empresa, um ótimo indicativo de como uma visão/liderança foi construída é perceber como a cultura de uma empresa continuou baseada em "porquês" mesmo depois da saída de seu fundador.

Vejam o caso da Microsoft. Após a saída de Bill Gates a Microsoft iniciou uma queda significativa em seus resultados, quando Steve Ballmer tomou o comando da empresa baseando-se somente em "crescimento" e "resultados. O mesmo aconteceu no famoso caso em que Steve Jobs foi demitido da Apple. Mesmo tendo em seu comando um executivo de renome como John Scully, a desconexão com a pessoa que representava o propósito da empresa, fez os resultados caírem morro abaixo.

Agora quando ambos trabalham juntos – propósito e orientação por resultados (o sonhador e o executor), o crescimento é exponencial. Veja o que aconteceu quando Jobs voltou ao cargo executivo, aliado a um time extremamente prático e capaz.

Quando somente o crescimento é a meta, e não o motivo de sua existência, qualquer cultura está destinada a ficar correndo atrás do próprio rabo, condicionada à infelicidade.

Princípios do Propósito

Para deixar mais claro, alguns princípios sobre o conceito de propósito podem nos ajudar.

1 – É NATURAL QUE CONSIGAMOS NOS CONECTAR AO PROPÓSITO DA EMPRESA SOMENTE DEPOIS DE UM LONGO TEMPO DE SUA CRIAÇÃO

Não é regra (nem deve ser) que para poder empreender você precise primeiro encontrar seu propósito, e só então abrir a sua empresa (ou coisa parecida). Caso isso seja possível, ótimo. Mas é extremamente comum que um empreendedor inicie seu negócio sem saber exatamente o porquê de estar fazendo isso (mesmo isso estando inconscientemente presente). Afinal, faz parte da natureza do empreendedor ter uma ideia e logo tentar colocá-la em prática. Nesse caso, colocar regras nesse processo pode até atrapalhar.

Sendo assim, não crie regras relacionadas ao propósito. Estar ciente da importância dele e do caminho para encontrá-lo já é um grande passo.

2 – PROPÓSITO É O FATOR COM MAIOR PODER DE ENGAJAMENTO

Em empresas com propósitos declarados, é comum observarmos indivíduos mais engajados em suas funções. De fato, é natural para essas empresas atraírem funcionários cujos perfis técnicos são considerados "bons", que trabalhem porque gostam de trabalhar. Afinal, como veremos mais para frente, é natural do ser humano sentir-se bem fazendo o bem, quando está conectado a um propósito.

Minhas pesquisas e também minha experiência mostram que essas empresas também atraem mais clientes, que, por sua vez, estão dispostos não somente a comprar o produto, mas também a divulgá-lo e a defender sua marca como se fosse deles. Declarar o seu propósito atrai pessoas preocupadas com o mesmo que nós; indivíduos dispostos a comprar nossa ideia por uma questão pessoal. Como diz o mantra de Simon Sinek "as pessoas não compram o que você faz, mas o porquê você o faz".

[
Uma pesquisa realizada pela Global GFK em 2014, envolvendo 28 mil pessoas, mostrou que 71% dos consumidores brasileiros (a média global é 63%) concordam que consomem somente produtos e serviços alinhados com suas crenças, seus valores e ideais, e, inclusive estão dispostos a pagar mais por produtos de empresas que façam o bem.
]

Ao trabalhar para colocar empresas e líderes nesse caminho, percebi que quando eles estão em contato com seus propósitos e trilham o caminho para cumpri-los, os problemas costumeiros se resolvem de maneira natural. Nessa jornada, os líderes começam a ganhar consciência de quais são os caminhos a serem seguidos; os colaboradores se transformam em pessoas motivadas e sentem-se realmente encorajados (coragem é agir com o coração) a trabalhar pela empresa.

3 – PROPÓSITO SEMPRE DIZ RESPEITO A "IR ATRÁS DO SONHO"

[
"Propósito é algo que nunca podemos dar como conquistado – no momento em que fazemos isso, ele começa a ser esquecido e logo se extingue. O tempo todo ele tem de estar literalmente na vanguarda da consciência (e, portanto, da tomada de decisão)."

John Mackey e Raj Sisodia, no livro Capitalismo Consciente
]

A declaração de um propósito está associada àquilo que você deseja fazer pelo mundo. Não é, portanto, o que você faz, pois isso seria a declaração do meio da pirâmide de níveis neurológicos. Ele deve falar sobre o sonho de um mundo novo. Nessa perspectiva, propósito e visão são similares.

Para ilustrar o fato, Eduardo Galeano nos conta uma história fantástica em uma de suas palestras. Ele estava com seu amigo cineasta Fernando Birri, quando este foi questionado por um aluno: "O que é utopia? Para que ela serve". Galeano fica perplexo com a complexidade da questão, mas logo o cineasta responde da forma mais brilhante possível:

> "A UTOPIA ESTÁ NO HORIZONTE. EU SEI MUITO BEM QUE NÃO A ALCANÇAREI. SE EU CAMINHO 10 PASSOS, ELA SE AFASTA 10 PASSOS. QUANTO MAIS EU BUSCÁ-LA, MENOS A ENCONTRAREI, PORQUE ELA VAI SE AFASTANDO À MEDIDA QUE EU TENTO ME APROXIMAR. ENTÃO PARA QUE SERVE? UTOPIA SERVE PARA ISSO. PARA FAZER CAMINHAR."

Assim também nos serve o propósito.

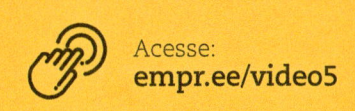

ASSISTA O VÍDEO DE EDUARDO GALEANO SOBRE UTOPIA.
Acesse: **empr.ee/video5**

4 – "SEJA A TRANSFORMAÇÃO QUE VOCÊ DESEJA NO MUNDO" (GANDHI)

É muito difícil atingir a excelência em seu propósito mantendo um estado interno conflituoso. Isso serve para pessoas e empresas. É quase impossível estabelecer um propósito, por mais bonito que ele seja, com uma empresa mergulhada no caos, repleta de pessoas estressadas e processos desgastantes.

Vejo muitas empresas que declaram seu propósito sem ter realmente entrado em contato com sua própria verdade, e sem transformar primeiro o que está dentro para só então modificar o que está do lado de fora.

Tentar desenhar um propósito de forma superficial levará a uma transformação também superficial, e, neste caso, sua empresa provavelmente não seguirá aquilo que foi estabelecido. Aliás, o mais provável é que, depois de pouco tempo, você mesmo queira mudar o que foi escrito.

5 – ESTAMOS EM CONSTANTE EVOLUÇÃO

Um propósito pode mudar? Sim, essa prática não pode ser constante. Se após muito tempo você quiser mudar radicalmente o propósito de sua empresa, aconselho que pense em abrir uma empresa nova. Tome cuidado também para não confundir seus próprios anseios de mudança com o propósito de sua empresa.

Entender que o processo para estabelecer um propósito envolve uma descoberta interna é muito importante. É natural que, com o tempo, as pessoas descubram cada vez mais quem são (sua identidade), para só depois entenderem o que desejam propor ao mundo. Dependendo de onde estiver no processo de autoconhecimento de sua empresa, você poderá, portanto, encontrar novas verdades que te farão repensar e mudar algumas palavras que usou para estabelecer o propósito. Isso só significa que sua identidade ainda está em fase de revelação. Durante esse período, tentar achar as palavras perfeitas para descrever aquilo que foi descoberto é muito difícil. Por isso, volto ao item anterior: realize um trabalho interno profundo, e respeite o tempo necessário num processo de autodesenvolvimento.

Lembre-se, a espiritualidade é um caminho que seguimos, não uma meta a ser atingida.

6 – PROPÓSITOS "GAIOLA" E PROPÓSITOS "ASA"

Gosto de pensar que podem existir "propósitos" que constroem prisões e propósitos que nos dão asas. Quando tentamos encontrar propósito buscando somente ganho próprio, o que estamos fazendo é aprisionar todos aqueles que trabalham com a gente, ou seja, todo o sistema sobre o qual desempenhamos alguma influência. Assim "propósitos" gaiolas, não são, na verdade, propósitos.

Em contrapartida, os propósitos do tipo "asa" encorajam o sistema a voar e, nesse caso, todos prosperam.

> *Rubem Alves dizia o mesmo da educação: "Escolas que são asas não amam pássaros engaiolados. O que elas amam são os pássaros em voo. Existem para dar aos pássaros coragem para voar. Ensinar o voo, isso elas não podem fazer, porque o voo já nasce dentro dos pássaros. O voo não pode ser ensinado. Só pode ser encorajado".*

Da mesma forma, propósitos não devem ser forçados. Primeiro porque a força nunca é engajadora; segundo, pelo fato de que nós e nossas empresas já nascemos com um propósito. Eles só podem ser encorajados.

Encontre seu propósito asa e encoraje todos a voar.

7 - FAZER PELO OUTRO É FAZER POR VOCÊ MESMO

Propositalmente, vou me alongar um pouco mais nesse item.

Se o que você estiver propondo ao construir ou comandar sua empresa, for algo direcionado somente a si mesmo, isso não é propósito. Isso seria no máximo um interesse ou desejo pessoal e (o que é mais importante) dificilmente você conseguirá engajar multidões àquilo que estiver oferecendo.

Um propósito sempre foca na ideia de "fazer pelo outro". E isso é, ao mesmo tempo, a melhor coisa que você pode fazer por si mesmo (e por sua empresa).

Tentarei explicar um pouco melhor a seguir.

Diversos pesquisadores ao redor do mundo estudaram por muitos anos o segredo para vivermos uma vida mais feliz, mas as conclusões parecem ser sempre parecidas. O fato é que a felicidade não é uma busca. Também não estamos condenando a tristeza ou coisa parecida, mas uma jornada mais plena se caracteriza por vivermos a vida de uma maneira mais feliz.

George Bradt, escritor, consultor e colunista de liderança da *Forbes*, é um deles. Ele analisou duas pesquisas sobre felicidade feitas na Universidade Harvard. Os dados de ambas o fizeram chegar à conclusão de que três fatores são importantes para a felicidade: fazer o que ama, investir nas relações e cuidar de si mesmo. Bradt ainda aponta que os líderes devem considerar todos esses pontos na condução de sua equipe, concentrando-se especialmente no "o quê" e no "como" cada um está fazendo, e investindo tempo para cuidar das relações e do aspecto emocional de cada um.

Uma das pesquisas analisadas faz parte do estudo mais longo e completo feito sobre o assunto, o trabalho "Study of Adult Development", que teve início em 1938. Desde então, os estados mental, físico e emocional de 700 estudantes foram monitorados ao longo de toda a vida.

ROBERT WALDINGER, QUARTO DIRETOR À FRENTE DA PESQUISA, REALIZOU UMA PALESTRA TED QUE, ALIÁS, VIRALIZOU NO MUNDO TODO. O TÍTULO É "O QUE TORNA UMA VIDA BOA?".

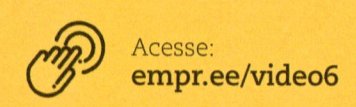

Acesse: empr.ee/video6

A pesquisa mostra diversas conclusões interessantes, mas a mais destacada pelo diretor tem a ver com conexão. A qualidade de nossos relacionamentos é fundamental para uma vida mais feliz e saudável. Pessoas que mantêm maior conexão com os outros acabam apresentando um corpo e uma mente saudável por mais tempo. "Não se trata de passar mais tempo no trabalho, mas de prestar mais atenção ao outro, e, assim, conectar-se mais com as pessoas", explica.

Já Martin Seligman, um psicológo da Universidade da Pensilvânia, concluiu que felicidade é a soma de três coisas diferentes: prazer, engajamento e significado.

FIGURA: PIRÂMIDE DA PLENITUDE

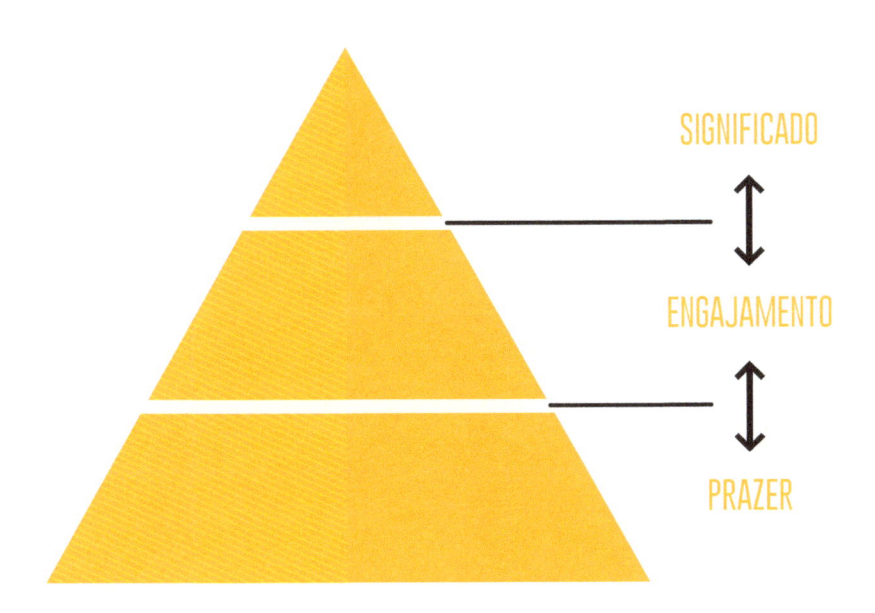

Novamente podemos usar a pirâmide como um exemplo da importância de cada nível descoberto, assim como para demonstrar que focar-se somente em um nível específico não nos trará aquilo que estamos procurando.

O prazer é o pilar mais conhecido para nós. É a sensação de bem-estar que temos durante algumas atividades. Geralmente atrelamos a felicidade a uma busca constante por estados prazerosos, mas é aí que erramos. Conseguir atingir um estado pleno de felicidade, no qual ela não seja uma busca e sim um caminho, é entender que precisamos nos conectar com todos os pilares.

Engajamento é a energia que colocamos em nossas tarefas, que, aliás, se tornam as coisas mais importantes para nós no momento em que as executamos. Por isso, fazer o que se ama é fundamental, pois só assim será possível nos engajarmos com a nossa própria vida, e não somente com uma tarefa. Somos absorvidos pela vida, de modo que ela se torna cada vez mais pulsante e mais feliz.

O topo da pirâmide é o significado. Segundo a pesquisa, isso quer dizer "acreditar pertencer a algo maior". De acordo a conclusão de todos os estudos, trata-se da conexão, porém de uma forma mais profunda.

Essa conexão é, fundamentalmente, parte da espiritualidade. Se considerarmos práticas tradicionais da espiritualidade, a conexão é peça-chave: *yoga*, por exemplo, significa "unir"; "religião" é *religare* em latim.

Encontrar significado é saber que estamos conectados a algum nível de nossas vidas. Podemos nos sentir pertencentes ao ambiente em que trabalhamos, à nossa família, à nossa cidade e até mesmo ao mundo como um todo.

Ter a noção real disso é a chave para entendermos que "não fazer nada a respeito" é estar desconectado! É daí que vem a sensação de despropósito, ou seja, aquela geralmente explicitada em frases do tipo "minha vida/meu trabalho não tem sentido". Aliás, são sensações como essa que deparo sempre que inicio um trabalho mais profundo com qualquer indivíduo – dos níveis hierárquicos mais altos até os mais baixos. Outras reclamações comuns são: "Não sei porque eu trabalho" ou "se eu pudesse ganhar dinheiro sem trabalhar, largava isso aqui na hora".

Por mais simples que pareça, atividades ligadas à ideia de 'fazer algo pelo outro é a forma mais eficaz para trazer significado e ser feliz. Durante sua pesquisa, Seligman mediu os efeitos do altruísmo nos níveis de felicidade das pessoas. O resultado mostrou que um ato de bondade aumenta o nível de felicidade de uma pessoa durante até dois meses. Assim, realizar um número ainda maior de bondades aumenta exponencialmente os resultados, nos colocando no que Abraham Maslow denominou como "experiências pico".

Matthieu Ricard já foi considerado um dos maiores especialistas em felicidade do mundo atual. Ele possui uma combinação que acho essencial nos dias de hoje: além de ser um monge budista e viver no Nepal, ele é cientista, doutor e Ph.D. em genética molecular. Ele é famoso pela palestra TED "Hábitos da Felicidade" e também lançou em 2015 o livro *Revolução do Altruísmo*, onde relata por meio de diversos experimentos os resultados que o altruísmo promove nas pessoas e no mundo.

E para comprovar que fazer algo pelo bem do outro é o mesmo que fazer bem a si mesmo, costumo usar um exemplo prático que todos conhecem: ter filhos! Mesmo com todo o trabalho e toda a responsabilidade intrínsecos à tarefa de ser pai ou mãe, ter filhos é quase sempre o maior motivo de felicidade de uma pessoa. Aliás é muito comum ouvir essas pessoas dizerem que a vida ganhou sentido.

SERVIR É: *Vir a Ser*

O PAPA FRANCISCO REPRESENTA A VIRADA DE CONSCIÊNCIA QUE ESTAMOS FALANDO DURANTE O LIVRO TODO. REFORÇANDO QUE ELE É A REPRESENTAÇÃO MÁXIMA DA MAIOR ENTIDADE RELIGIOSA DO MUNDO.

"OS RIOS NÃO BEBEM SUA PRÓPRIA ÁGUA, AS ÁRVORES NÃO COMEM SEUS PRÓPRIOS FRUTOS. O SOL NÃO BRILHA PARA SI MESMO E AS FLORES NÃO ESPALHAM SUA FRAGRÂNCIA PARA SI. VIVER PARA OS OUTROS É UMA REGRA DA NATUREZA [...] A VIDA É BOA QUANDO VOCÊ ESTÁ FELIZ, MAS A VIDA É MUITO MELHOR QUANDO OS OUTROS ESTÃO FELIZES POR SUA CAUSA."

Papa Francisco

ASSISTA TAMBÉM À PALESTRA TED "WHY THE ONLY FUTURE WORTH BUILDING INCLUDES EVERYONE", DO PAPA FRANCISCO.

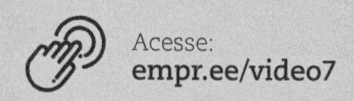

Acesse: empr.ee/video7

NELA, ELE FALA DA IMPORTÂNCIA DO "NÓS"; DE SERMOS AGENTES DE TRANSFORMAÇÃO DO FUTURO; DA IMPORTÂNCIA DE SE USAR A CIÊNCIA COMO INSTRUMENTO DE TRANSFORMAÇÃO SOCIAL, E DA REVOLUÇÃO DA TERNURA. TRATA-SE DE UM DISCURSO DE (RE)INTEGRAÇÃO ENTRE CIÊNCIA E RELIGIOSIDADE, E DA FORMA MAIS BELA POSSÍVEL.

SEGUNDO INGREDIENTE: Flow

> *Fluir não é ficar parado. Na sabedoria chinesa o elemento mais forte é a água. A água tem o poder de destruir cidades e é quase impossível estancá-la. A água é a representação da fluidez. Ela se molda aos terrenos, passa por todos os obstáculos e não se apega a nada. Mantendo-se fiel à sua natureza, ela segue em frente e atinge sua meta.*

Em minha experiência já percebi que muitos dos problemas que ocorrem dentro de uma corporação se dão por conta de empresas e líderes que estão (ou acabam ficando) desconectados de seus verdadeiros propósitos – eles perderam contato com o significado de sua existência.

Como vimos, em um mundo cada vez mais voltado para a espiritualidade, a falta de empresas espiritualizadas gera uma desconexão direta com o público. Estratégias que não considerem esse fato nos levarão naturalmente a constantes tropeços, problemas, dificuldade de liderança e até mesmo a limitações para o atingimento de resultados. Isso não significa que uma empresa espiritualizada não tenha problemas, é claro, apenas que ela irá encará-los de uma forma diferente. Para elas, as dificuldades deixam de ser obstáculos e passam a ser desafios bem-vindos para a aprendizagem e o crescimento. Essa visão positiva é fruto da conexão com um sentido de existência; do entendimento que o propósito é um sonho que nos faz continuar caminhando, não um objetivo em si.

Um dos pressupostos importantes da espiritualidade é: saber conviver em paz com os problemas. Afinal, eles fazem parte da nossa vida bem como da vida de qualquer empresa. Porém, o desejo de querer crescer a qualquer custo, e o tempo todo, é uma energia exaustiva. Esse tipo de problema surge do simples fato de não se saber lidar com o fluxo da vida.

Chegamos ao nível em que o sofrimento é visto como uma coisa natural dentro de uma empresa. Neste sentido, ou as empresas estão loucamente imbuídas em tentar driblar as crises que surgem em seu caminho, e assim evitar prejuízos e cortes de gastos, ou estão se esforçando para aumentar ainda mais o lucro obtido no último ano. Em ambos os casos, o sofrimento faz parte do processo.

Outro sintoma que nos mostra como o sofrimento já virou parte de nossos negócios é que, hoje, na tentativa de seguir o fluxo de transcendência que vigora em todo o mundo, diversas empresas tentam oferecer melhor qualidade de vida aos seus funcionários. Elas aliviam a carga negativa colocada sobre eles, mas não falam em se tornar uma empresa mais humana, na qual essa carga negativa sequer faria parte. Assim, elas criam programas voltados para a saúde, oferecem exercícios de relaxamento e espaços de lazer, e realizam diversas outras ações. Mas, embora essas soluções sejam muito bem-vindas, elas surgem em função de um problema que não deveria existir.

Uma das origens do problema é a crença de que o mundo dos negócios é um jogo a ser ganho. Trabalhamos sempre focados em atingir metas, em fechar positivamente o próximo trimestre, em sermos a melhor empresa do mercado, e assim por diante, com o intuito de que um dia o jogo acabará e seremos os campeões. O crescimento é importante e muito bom para que sua empresa possa ajudar cada vez mais pessoas, mas ele é progressivo, ou seja, um processo em andamento. Se isso se tornar uma meta a ser atingida, significa que não entendemos o jogo que estamos disputando.

> **ASSITA À PALESTRA TED "WHAT GAME THEORY TEACHES US ABOUT WAR", DE SIMON SINEK.**
>
> Acesse: empr.ee/video8
>
> Mais uma vez, Simon Sinek vem nos ensinar sobre o mundo dos negócios. Usando como metodologia a teoria de jogos, ele nos mostra que negócios são tipos dos "jogos infinitos". Eles já existiam muito antes de qualquer empresa que conhecemos nos dias de hoje, e continuarão existindo muito tempo depois que elas desaparecerem. Um olhar muito interessante para aprendermos sobre o "fluir".

Em uma empresa espiritualizada, esse é um ingrediente importante para o qual devemos atentar. Aprender a fluir não é uma tarefa fácil, mas o fato de trazermos nossa consciência para isso já muda muita coisa.

Lembrando que o objetivo é "aprender a viver", ou, mais especificamente, "compreender" o que a vida é em si mesma, e o que são os negócios. Qual o sentido da nossa vida? Para conseguir fluir é preciso estar conectado com aquilo que estamos oferecendo ao mundo, ou seja, com o nosso propósito – o sentido da existência dessa empresa.

> "O HOMEM PODE SUPORTAR TUDO. MENOS A FALTA DE SENTIDO."
>
> *Viktor Frankl*

Outro mestre espiritual do século XX, foi o acadêmico e professor Viktor Frankl, um dos maiores psicólogos de todos os tempos e também um dos maiores nomes no estudo da espiritualidade e do seu significado para a humanidade.

Apesar de ser um homem da ciência, sua maior experiência foi viver por 2 anos em um campo de concentração. Ali ele estudou o comportamento humano e percebeu que, mesmo em condições altamente desumanas, o sofrimento pode ser superado, desde que haja naquela vida um sentido, uma razão pelo que viver.

Frankl nos ensina que devemos buscar significado em tudo que vivenciamos. Um dos fundamentos dessa crença é que, para isso, precisamos saber guiar nossa vida de acordo com o que nos é colocado (como um campo de concentração, por exemplo).

> LEIA O LIVRO *EM BUSCA DE SENTIDO*, DE VIKTOR FRANKL.

Tendo como exemplos a própria vida, assim como pesquisas realizadas, Frankl também afirma que é inerente ao ser humano a busca por significado. O sentido da vida está em achá-lo e em perceber nele sempre o melhor, independentemente de a experiência ser boa ou ruim. Ainda segundo ele, há uma formula para o desespero:

$$DESESPERO = Sofrimento - Sentido$$

Assim, quando conectamos nossas empresas ao sentido de nossa existência e aos nossos propósitos o dia a dia torna-se bem mais fácil e fluido.

O tal Flow

Saber fluir diante das adversidades que encontramos em nosso trabalho nos torna, impreterivelmente, mais felizes. Inclusive, essa sensação é bastante estudada e conhecida: trata-se do chamado *flow*. Todos, em algum momento da vida, já tiveram a oportunidade de senti-lo. Ele acontece na medida em que nossas atividades se tornam cada vez mais naturais e inerentes a quem somos, ao ponto de já não prestarmos mais atenção a elas. O *flow* faz com que o tempo pareça simplesmente parar. Nesse momento, todos os nossos problemas parecem não existir mais. Em algumas atividades – surfe, música, dança, entre outras – é bastante comum ouvirmos relatos a respeito dessa sensação, todavia, ela pode acontecer também em tarefas mais mundanas, como arrumar a casa, por exemplo.

É esse o estado que buscamos ao praticar a meditação e, em geral, é difícil para quem acabou de experimentá-la ser capaz de descrevê-la em palavras. Porém, isso é bastante comum quando discorremos sobre níveis superiores de conexão com experiência espirituais.

O psicólogo húngaro Mihaly Csikszentmihalyi, pesquisador da Universidade de Chicago, estudou a fundo o processo de *flow*. Segundo ele o segredo está em praticar atividades relacionadas a nossas paixões e àquilo em que possuímos talento natural.

Curiosidade: Richard Davidson, outro pesquisador desse assunto (pela Universidade de Wisconsin), observou em laboratório que indivíduos em estado de *flow* podem apresentar um melhor funcionamento do sistema imunológico, o que reduziria em até 50% o risco de morte, por reagirem melhor a doenças.

TERCEIRO INGREDIENTE: Fé

"A PREOCUPAÇÃO ACABA ONDE A FÉ COMEÇA."
George Müller

A Wikipédia define a palavra fé como "adesão de forma incondicional a uma hipótese que a pessoa passa a considerar como sendo uma verdade sem qualquer tipo de prova ou critério objetivo de verificação, pela absoluta confiança que se deposita nesta ideia ou fonte de transmissão" (sic). Estando acima até mesmo de nossas crenças, a fé é, portanto, a ausência absoluta de dúvidas. Ou seja, é impossível duvidar e ter fé ao mesmo tempo.

Porém, assim como a maioria das características observadas em empresas espiritualizadas, a fé também é um conceito subjetivo. Não temos a intenção de abrir uma discussão racional sobre esse assunto, apenas compreender até que ponto – e de que maneira – a fé nos influencia e transforma o nosso ambiente corporativo.

A fé sempre estabelece uma relação direta com um objeto. Em uma empresa essa relação é direta com o propósito ou o motivo de sua existência. Por onde permeia a fé, há uma afeição positiva; há uma confiança que não pode ser abalada. Esta, por sua vez, resulta em um estado maior de tranquilidade, que leva a um fluir natural.

Assim, a existência da fé nos dá base para a plenitude. Ela provoca uma tranquilidade baseada na crença. Por exemplo, se estamos dentro de uma casa é porque acreditamos que ela não irá desabar. Todavia, se por algum motivo acharmos que existe uma possibilidade de o edifício cair, dificilmente ficaremos tranquilos em permanecer dentro dele. O fato é que ao entrar numa casa comum, não pensamos na sua concepção, tampouco na capacidade do engenheiro que a construiu. Nós apenas adentramos o imóvel e, de alguma forma, a tranquilidade se faz presente de maneira natural.

Na vida e em nossas empresas a situação não é diferente. A existência da fé nos possibilita ficar mais tranquilos em relação àquilo que somos e fazemos. Empresas que se conectam a essa fé são mais fluídas, mais leves e, consequentemente, mais felizes. Isso porque dentro delas não há dúvida de que aquilo que estão fazendo é exatamente aquilo que deveria ser feito.

> "A FÉ COMEÇA COMO UM EXPERIMENTO E TERMINA COMO UMA EXPERIÊNCIA."
>
> William Ralph Inge

O motivo para a fé estar tão atrelada à religiosidade é o fato de que a crença em Deus nos dá a sensação de pertencimento a algo maior, além do significado que tanto buscamos. A grandiosidade do Seu significado O torna talvez o maior e mais completo objeto com o qual possamos estabelecer uma relação de fé. É por isso que ao observamos as principais figuras religiosas do mundo vemos uma tranquilidade inerente.

Assim, estabelecer algum tipo de conexão – seja com Deus ou com o motivo de nossa própria existência – é um dos ingredientes fundamentais para um trabalho mais espiritualizado.

QUARTO INGREDIENTE: O Amor

"DE QUE ADIANTA AO HOMEM GANHAR O MUNDO INTEIRO E PERDER A SUA ALMA?"
Marcos, 8:36.

Empresas com alto nível de espiritualidade contam ainda com outro ingrediente fundamental (e talvez o mais importante entre todos): o amor. É óbvio que tentar explicar o que é amor é o mesmo que pretender colocar o oceano dentro de um copo. Todavia, falar sobre ele é crucial para que possamos nos inspirar e, ao mesmo tempo, nos orientar em nosso caminho.

O amor é uma qualidade inerente ao ser humano, não algo que você conquista ou deixa de conquistar. Ele não é mensurável e, assim como na música *Drão* (de Gilberto Gil) "estende-se ao infinito". O amor é uma energia social que une a nós todos de uma forma mais humana; ele nos conduz a uma vida mais conectada. Por ser inerente ao indivíduo; podemos escolher manifestá-lo, ou não, deixando-o adormecido – como, aliás, tem acontecido atualmente no mundo do trabalho. Embora uma crença cultural teime em afirmar que não existe espaço para manifestá-lo no ambiente corporativo, é importante lembrar que o amor também está lá.

É essencial, entretanto, compreendermos que neste caso não estamos nos referindo ao "amor íntimo" – que não deixa de ser uma manifestação desse sentimento, mas está longe de ser a única. Nós estamos falando do amor como uma "energia intrínseca à nossa conduta", capaz de dar vida a tudo que fazemos; ele nos conduz a viver de forma mais conectada. Amor é uma energia social, que interliga todos nós de forma humana. Dentro de uma empresa, não é diferente.

Você já ouviu alguém falando sobre aquilo que ama e percebeu que a fala dessa pessoa era quase hipnótica? Lembre-se da situação: enquanto os olhos da pessoa brilhavam, você se sentia encantado por tudo aquilo que estava sendo dito. É justamente essa energia de conexão que caracteriza o amor sobre o qual atentamos aqui. Sem ele, nossos trabalhos serão desprovidos de energia; nossas empresas serão frias, destituídas de sentimento. E além de essa empresa não ser o que conhecemos como entidade espiritualizada, ela também não se assemelha àquilo que a nova era tem como referência. A própria juventude de hoje já não se conecta àquilo que não exala amor.

Outro detalhe (já um tanto óbvio) é que devemos sempre trabalhar com aquilo que amamos. Ter uma ocupação onde possamos expressar nossa paixão é o primeiro motivo de acordarmos felizes para trabalhar. Sem isso, qualquer emprego se torna um fardo.

Nas palavras de Steve Jobs: "Isso é verdade. E a razão (de trabalharmos com aquilo que amamos) é simples: se não houvesse paixão, qualquer pessoa racional desistiria".

ASSISTA AO VÍDEO DE **STEVE JOBS** FALANDO A RESPEITO DE PAIXÃO NO TRABALHO.

Acesse: empr.ee/video9

O amor pelo próprio trabalho é fundamental na condução de uma empresa, pois é ele que motiva a ação, independentemente do resultado. Se observarmos pessoas ou casos que são considerados verdadeiros sucessos no mundo, veremos que nessas histórias sempre existem episódios de fracassos (que prefiro chamar de desafios). O que manteve essas pessoas caminhando foi o amor por aquilo que faziam, agregado a uma missão muito forte (algo que veremos no próximo capítulo).

T. Harv Eker, autor do livro *Mente Milionária*, é um dos maiores mentores do sucesso financeiro em todo o mundo. E como uma de suas regras básicas para o sucesso, inclusive financeiro, ele aponta: "faça aquilo que você ama". Gosto da metáfora por ele utilizada:

> "SE VOCÊ ESTÁ EM UMA ESTRADA DE DUAS FAIXAS, UMA RÁPIDA E UMA LENTA, TEM O DESTINO CERTO E CONHECE O CAMINHO ATÉ LÁ, QUAL FAIXA VOCÊ ESCOLHE? A RÁPIDA, LOGICAMENTE. MAS SE VOCÊ ESTÁ EM UMA ESTRADA PROCURANDO POR UMA SAÍDA, QUE NÃO SABE DIREITO ONDE FICA, POR QUAL FAIXA VOCÊ OPTA? O MAIS PROVÁVEL É QUE A LENTA SEJA SUA ESCOLHA, AFINAL, VOCÊ TEM MEDO DE PERDER A SAÍDA. COM O MUNDO DOS NEGÓCIOS É A MESMA COISA. SE VOCÊ SABE O QUE REALMENTE QUER (SEU DESTINO), SEU CAMINHO PARA O SUCESSO SERÁ MAIS RÁPIDO. AGORA SE VOCÊ ESTIVER PROCURANDO UMA SAÍDA, MESMO QUE INCONSCIENTEMENTE, O SUCESSO DEMORARÁ (OU NEM MESMO CHEGARÁ). VOCÊ ESTARÁ SEMPRE NA FAIXA LENTA."

O amor também nos coloca em uma posição mais emocional. Além de nos engajarmos mais, quando nos voltamos para o coração conseguimos ver beleza naquilo que fazemos – é como colocar poesia (como as palavras do Marco Kerkmeester contidas no prefácio desse livro) em tudo que é mais prático na vida. Providos de amor, ficamos mais encantados com o dia a dia do nosso trabalho (inclusive com os desafios nele existentes).

No processo de encontro com a própria essência é fundamental que estejamos conectados com o coração. A beleza em nosso trabalho precisa ser achada para que consigamos torná-lo mais leve e obter mais resultados. Na liderança de uma equipe, por exemplo, o amor é peça fundamental para a construção de um time eficiente. Vejamos um exemplo disso:

> *O que seria dos parques da Disney se tudo que eles propusessem fossem "brinquedos de diversão"? Toda sua energia seria concentrada somente nesses brinquedos. Além disso, como seria o engajamento dos funcionários desse parque? Quantas pessoas você conhece que têm nesses brinquedos sua maior paixão? Provavelmente poucas.*
>
> *Agora, veja o sucesso da Disney ao declarar seu propósito da forma mais aberta, mais poética e mais próxima de sua "verdadeira paixão": criar felicidade.*
>
> *Como fica agora a energia dessa empresa e dos indivíduos que a compõem? Quantos colaboradores gostam de "criar felicidade"? Quantas pessoas você conhece que gostariam disso? Provavelmente muitas.*
>
> *A Disney é a prova de que propósitos bem construídos são muito mais cativantes e muito mais engajadores.*

É comum depararmos com empresas que estão com os olhos fechados para a própria essência, tentando diferenciar seu posicionamento, mas se concentrando somente em seus produtos. É bem provável que fazendo isso, acabemos caindo no famoso Oceano Vermelho[6].

---

[6] Conceito abordado no livro A Estratégia do Oceano Azul, de W. Chan Kim e Renée Mauborgne. (N.A.)

O CASO "SANTO GRÃO"

Dentro da Santo Grão existe um caso bem interessante em que a empresa conseguiu medir os resultados práticos do amor em sua equipe.

TRECHO ABAIXO ADAPTADO DO LIVRO O COACH E O EXECUTIVO, DE JOÃO LUIZ CORTEZ

Em uma das entrevistas que fiz com o principal gestor de uma rede de restaurantes em São Paulo, voltada para a classe média alta, ele comentou comigo que uma de suas unidades havia apresentado um resultado bastante insatisfatório durante o mês de janeiro daquele ano. Eles tinham uma pesquisa de satisfação que, além de fatores como preço, qualidade da comida e espaço, também perguntava aos clientes sobre o acolhimento da equipe. Analisando o motivo da baixa nos resultados percebeu-se que a nota daquela unidade para o critério "acolhimento da equipe" vinha baixando já nos seis meses que antecederam janeiro, o que reduziu os resultados cada vez mais. Buscando o que faltava para o amor voltar a fluir, compreendeu-se que aquele período coincidiu com a época em que a gestora daquela unidade começou a ter sérios problemas com seu marido. Esse exemplo demonstrou que problemas na vida pessoal haviam mudado o estado emocional daquela funcionária, o que, por sua vez, afetou a relação dela com a equipe e, por consequência, com os clientes.

ANTES DE SEGUIRMOS PARA A PRÓXIMA PARTE

Interrompa a leitura por algum tempo e abra espaço para digerir o conteúdo apresentado. Perceba o que está sentindo sobre o que foi lido até agora, e lembre-se: para a absorção desse conteúdo é importante agirmos com o coração.

Será preciso resgatarmos nosso contato com o sagrado, não apenas em nosso trabalho, mas em todos os aspectos da nossa vida. As perguntas sobre a nossa existência são extremamente importantes para que possamos crescer. A busca pela fé e pelo pertencimento é intrínseca ao crescimento espiritual.

Faça com que o amor, o propósito, o *flow* e a fé sejam tão importantes para os negócios quanto os resultados, o público, as vendas, o reconhecimento humano e tantas outras coisas. Tudo isso porque, conforme as experiências e os casos já estudados, as empresas que seguem por esse caminho possuem um maior potencial de sucesso, e em todos os sentidos da palavra.

> "POR LEI DA NATUREZA, PROPÓSITOS CLAROS E BONDADE DE CORAÇÃO OBTERÃO APOIO."
>
> Rick Jarrow, no livro Criando o Trabalho que Você Ama.

Lembre-se: toda empresa é uma alma coletiva, feita não apenas por pessoas que trabalham nela, mas por indivíduos (clientes) que se relacionam com ela por meio de seus produtos. Para que essa alma floresça, entretanto, é preciso cuidar dela. Entre todos os cuidados, aquele que nos traz melhores resultados (em diversos aspectos) é o de nos manter em contato com o que amamos, trabalhando por algo que importa, com significado e pertencimento.

Como em qualquer ser humano, essa alma coletiva atinge o máximo de sua satisfação quando alinha suas realizações àquilo que lhe traz felicidade.

Perceba como está cada nível hierárquico dentro de sua empresa. Como está o engajamento de toda a sua equipe, do nível gerencial até o mais operacional. Qual é o grau de satisfação de todos eles?

Olhe para fora. Explore todas as possibilidades no que diz respeito à maneira pela qual sua empresa (ou seu trabalho) agrega ao mundo – ou poderia agregar. Faça um *brainstorm* de ideias práticas para que seu trabalho possa servir aos outros. Não deixe de testá-las sempre! Afinal, ao fazê-lo você já estará vivenciando sensações espirituais.

O nível de energia dentro de uma empresa cresce muito conforme os graus de espiritualidade vão sendo alinhados. Qual o propósito de sua organização? Qual é a sua essência? Pelo que vocês trabalham?

PARTE 4
NOVO MUNDO

Você já se perguntou o que aconteceria se todas as pessoas e empresas estabelecessem "o exercício de sua paixão" como principal objetivo de seu trabalho? O impacto no mundo seria gigantesco (e positivo). Como a própria história nos revela essa tendência, haverá muitas mudanças na forma como nos relacionamos com o nosso trabalho e, consequentemente, com a nossa vida. Num futuro bem próximo dos negócios muita coisa será diferente, e isso mudará o sistema econômico como um todo.

Em primeiro lugar, boa parte dos negócios não existirá, pelo menos da forma como os conhecemos. As grandes empresas do mercado, as mais tradicionais, não irão se sustentar. Afinal, além de estarem desconectadas dos seus propósitos, também inexiste na maioria delas uma valorização da força de trabalho, ou seja, do seu capital humano. Vale lembrar que, mesmo quando implementados programas voltados para esse profissional, o objetivo final é sempre o lucro da empresa.

Por melhor que esteja a situação como um todo – se comparada àquela de anos ou até décadas atrás –, crenças como "somente o trabalho árduo deve ser valorizado" e/ou "o foco deve estar no crescimento, custe o que custar", ainda permeiam a maioria das organizações de hoje. Não é raro observar líderes que relatam como "absurdo" o fato de um funcionário sentir sono durante o expediente. Obviamente não estou qualificando a sonolência como uma característica necessária para um funcionário, mas, demonizar uma atitude tão comum, como se a pessoa em questão estivesse cometendo um crime, prova que a mentalidade da empresa está bem pouco voltada para o que é humano. Afinal, não se trata no caso de uma preocupação com o funcionário, mas sim com a produtividade e o retorno que serão obtidos em cima dele.

Sabendo que empresas são feita de seres humanos, de indivíduos (como reforçou o Marco no prefácio deste livro), sem eles não há como qualquer companhia se sustentar. Clientes e outros *stakeholders* deixarão de inspirar-se nelas. Os colaboradores, por sua vez, a abandonarão, partindo em busca de lugares onde possam fazer o que amam e se sentir parte integrante do sistema.

Nesse contexto, o consumidor também irá optar por consumir produtos de companhias menores e mais próximas, que compartilhem dos mesmos valores. Desse modo ele conseguirá ver de perto seu impacto e sentir que está verdadeiramente colaborando com outros propósitos. Em consequência disso, pequenas empresas e/ou produtores locais, ganharão mais espaço, e os negócios transitarão nas mãos dos mais conectados.

Na medida em que valores mais humanos se tornarem parte da consciência coletiva, a colaboração passará a ser ainda mais uma característica essencial dentro dos negócios. Isso, por sua vez, permitirá que cada indivíduo se concentre naquilo que lhe parecer mais interessante e trabalhe em conjunto com outras pessoas para a entrega final do produto. A economia colaborativa já permite que pessoas consigam trocar serviços (inclusive como moeda de troca) com outros profissionais. Isso gera maior liberdade nos negócios e torna desnecessário que qualquer um trabalhe somente em (ou com) grandes corporações.

Com essa liberdade, será natural o aumento de *freelancers* ou até mesmo de profissionais liberais. As pessoas poderão trabalhar a partir de suas casas e, inclusive, fazer mais de um trabalho ao mesmo tempo. Inclusive, essa lógica já é bastante praticada nos dias de hoje, uma vez que a tecnologia tem permitido o encontro de demanda para aquilo que desejamos fazer como trabalho. Publicitários, arquitetos, motoristas, chefes de cozinha, médicos, entre outros, já são procurados por meio de aplicativos, *sites* e outras plataformas, para prestar serviços diretos ao consumidor final, sem que se faça necessário o uso de empresas específicas de cada segmento.

Isso tudo não significa que o conceito de empresa esteja em extinção, mas sim em transformação. Até porque, essa mudança é fundamental para garantir um futuro próspero. Como já vimos, as empresas surgem basicamente da premissa do "fazer mais, custando menos". E essa lógica continuará sendo muito bem-vinda em um mundo conectado com a abundância, onde precisaremos oferecer mais acessibilidade a todos.

O contrário dessa abundância que as empresas vivem hoje já não é mais tão aceito pelo público conectado com essa nova consciência. As pessoas já não aguentam mais a mesma lógica industrial que permeia as empresas atualmente: cada funcionário com uma visão limitada e segmentada do trabalho; executando pequenas tarefas em uma linha de produção; operando de maneira desconectada em relação a um propósito maior; sem abertura para inovações ou sugestões.

Estas definitivamente não são características de um trabalho que possa ser associado a paixão, mas à execução de funções direcionadas à obtenção de resultados previamente planejados. Em outras palavras, trata-se de um esforço mental, e pouco relacionado ao coração.

Então, como serão as empresas desse novo mundo?

Essa certeza só teremos no futuro, quando nos será possível estudar aquilo que realmente aconteceu. Nesse momento podemos apenas nos manter atentos às mudanças que estão acontecendo e tentar adequar o que já existe a elas – embora isso não esteja sendo feito.

Apesar de diversas teorias futuristas insistirem que haverá uma distribuição total e horizontal do mundo do trabalho – algo que promoverá uma maior liberdade para todos os envolvidos, que poderão exercer a função que quiserem, de maneira independente e sem o cumprimento de cargas horárias específicas –, uma análise histórica evidencia, pelo menos no curto prazo, uma realidade um pouco mais conservadora, apesar de também relacionada à ideia acima. Um mundo onde todos são empoderados é uma ótima utopia, todavia, essa condição não faz parte da natureza humana. Neste sentido, por questões psicológicas naturais, durante a jornada de crescimento é normal que muitas pessoas não saibam lidar com o poder, ou mesmo com o fato de serem figuras empoderadas. Por isso, a existência de pessoas desempenhando papeis de poder (sem envolvimento de exploração) é necessária para o equilíbrio e o crescimento enquanto humanidade.

Esse conceito de poder costuma incomodar, uma vez que está contaminado por fundamentos negativos. Veja, entretanto, que o uso da palavra poder neste caso se baseia nas características positivas do conceito, e nada tem a ver com a ideia de domínio de alguns sobre outros. Poder é um recurso, e como já vimos, nenhum recurso é bom ou ruim, mas sim a forma como ele é exercido.

Na sua origem, a palavra poder vem do latim *possum*, cujo significado é "ser capaz de". Porém, a deturpação do conceito nos mostra que ela está mais para o exercício da imposição que da capacidade. A própria sociologia descreve "poder" como a "habilidade de impor a sua vontade sobre os outros". Não será esse o conceito que usaremos aqui.

Vejamos um exemplo que nos ajudará a refletir: a figura de um professor ostenta poder. Esse profissional tem a liberdade e a influência para ajudar aqueles que o escolhem como líder de alguma tarefa. Na teoria, a figura do professor se preocupa com o desenvolvimento e a evolução do aluno. Neste caso, ele usa o seu poder para auxiliar no crescimento. É essa hierarquia que acredito ser a grande possibilitadora de generosas transformações na relação líder-liderado.

4.1 – O LÍDER EDUCADOR

"AO OLHAR PARA O PRÓXIMO SÉCULO, OS LÍDERES SERÃO AQUELES QUE CAPACITAREM OS OUTROS."
Bill Gates

Nesse novo mundo, a figura de um líder está bem mais próxima daquela de um professor, educador ou mediador. Porém, não se trata aqui de um professor dentro da sala de aula, obedecendo às regras da escola – essa seria a mesma lógica industrial já tratada anteriormente, mas do profissional de uma forma mais ampla do que estamos acostumados. Neste sentido, os professores (líderes) precisarão capacitar seus alunos (liderados) dentro de uma liberdade maior, permitindo que estes floresçam da forma que tiverem de florescer, sem que o foco esteja somente nas tarefas e no desempenho desses indivíduos em sala de aula.

É intrínseco a esses novos líderes o entendimento de que o comportamento de cada pessoa resulta do estado dos níveis superiores da pirâmide de níveis neurológicos – de suas crenças, sua identidade e espiritualidade. Cientes disso, é fácil respeitar e orientar cada indivíduo, assim como seus respectivos processos. Por isso, o foco deverá estar sempre no aumento da consciência e no desenvolvimento da pessoa enquanto ser humano, e não em uma "peça" necessária para o funcionamento da empresa.

Professores e líderes devem concentrar-se em transmitir mais sabedoria e menos conhecimento técnico (de sua área de atuação), afinal, este já está disponível nas diversas plataformas e nos variados meios de comunicação. Caberá a esse líder educador mediar seus liderados ao longo de cada processo de crescimento, para que estes encontrem suas identidades e seus níveis espirituais. Deve ser um aprendizado que conecte informações e conhecimentos em prol de uma vida melhor, em benefício da aquisição da sabedoria.

Para isso, vale a ressignificação de uma crença limitante supercomum: a empresa é um local bastante propício para o ensino da ética e de outros valores.

> "O OBJETIVO DA EDUCAÇÃO NÃO É ENSINAR COISAS, PORQUE AS COISAS JÁ ESTÃO NA INTERNET, ESTÃO NOS LIVROS, ESTÃO POR TODOS OS LUGARES. É ENSINAR A PENSAR. CRIAR NA CRIANÇA ESSA CURIOSIDADE. ESSE É O OBJETIVO DA EDUCAÇÃO: CRIAR A ALEGRIA DE PENSAR."
>
> *Ruben Alves*

Outra característica desse contexto é que, dentro do processo de "aprendizagem" – ou crescimento profissional – as pessoas não terão como inspiração um único líder. Pense novamente em uma escola. Nela não existe somente um único professor. Quando queremos saber mais sobre uma determinada matéria, buscamos o respectivo professor.

Líderes que estão conectados com seus propósitos e alinhados dentro de uma empresa são pessoas que inspiram. Eles falam sobre o próprio trabalho de uma maneira que faz com que os ouvintes sintam a paixão envolvida. Esse é o papel de todos os líderes dentro de uma empresa espiritualizada: inspirar! E isso deve ocorrer de uma forma que faça ressoar nos colaboradores a paixão e a intenção de seguir um caminho repleto de propósitos. Os subordinados olharão para esses diversos líderes – e para as múltiplas possibilidades que isso representa – e poderão escolher livremente o caminho que mais lhe agradar, seguindo assim o fluxo daquilo que seu coração mais deseja.

Portanto, a figura do líder e o papel dele dentro do novo contexto mudou. Ele se tornou um mediador no processo de transformação de um liderado numa pessoa mais consciente. Este liderado, por sua vez se converteu num novo agente transformador, seja dentro da mesma empresa ou fora, e é agora mais autônomo, mais crítico e mais capaz de fazer uma leitura consciente da própria vida e do sistema ao seu redor.

Mas esse caminho não é aquele que nossas empresas estão acostumadas a seguir. Hoje, a maioria dos líderes que conhecemos chegou até essa posição percorrendo um caminho lógico e previsível. Eles foram "eleitos" líderes de acordo com o formato industrial de cadeia de comando. Ou seja, há em sua mão um tabuleiro fixo e pré-definido – "é para aquele cargo que eu quero ir, e quem ocupará minha posição poderá ser aquele que estiver jogando esse jogo atrás de mim". Prevalece na mente desse líder o seguinte *input*: seu caminho já está definido. E ele dificilmente abrirá mão desse caminho, pelos diversos motivos já citados na primeira parte desse livro – medo, crenças etc.

Mesmo as diversas técnicas de liderança que conhecemos no mundo hoje, dizem muito sobre o "caminho pré-definido", mas bem pouco sobre um "caminho mais livre e mais feliz".

E por que é importante mencionar isso? Porque será imprescindível que os líderes tenham liberdade e consigam, naturalmente, seguir por novas trilhas que exijam seu conhecimento e, ao mesmo tempo, proporcionem a eles novas sabedorias, conforme seus interesses. Isso dará uma maior mobilidade ao fluxo natural das coisas.

Um colaborador, por sua vez, terá em suas mãos diversas possibilidade em termos de caminhos e aprendizados, podendo assim escolher aquele que irá realizar o seu propósito. Com o conhecimento que ele livremente escolheu obter, ligado à sua paixão, a probabilidade de ganhar prática e atingir maestria naquilo que faz é muito alta. Isso dará espaço para que outras pessoas o tenham como "líder/mediador", ao mesmo tempo em que ele continua traçando seu caminho profissional.

Voltando ao caso da Santo Grão, qual serão os graus de entusiasmo e paixão de um colaborador ao perceber que em seu caminho diversas portas estão abertas e que ele poderá continuar, ali mesmo, seu desenvolvimento profissional? Essa visão é cultuada dentro da Santo Grão. Lá, todo colaborador tem a possibilidade de, um dia, se tornar proprietário de sua própria unidade.

Hoje a empresa possui 9 unidades abertas, e cada uma delas está nas mãos de alguém que já trabalhou em outra unidade. Porém, todo o processo começa pela cultura da empresa, que olha para seus funcionários com paixão. Nas entrevistas de contratação, o presidente da empresa – Marco Kerkmeester – demonstra interesse por alguns ingredientes interessantes, como "paixão", "espiritualidade" e "fé", entre várias outras características que não costumam integrar um padrão de análise num primeiro encontro. Perguntas como "quem é você?" são feitas com uma real curiosidade de descobrir quem realmente aquele candidato é.

Uma vez contratados, os colaboradores já entram cheios de amor, podendo lidar com as situações de forma muito mais fluida e aberta. Assim cada pessoa poderá descobrir como seguir seu caminho, dentro e fora da empresa, sabendo desde o início que existe internamente um espaço para ela. No final do processo, as pessoas que continuam e abrem seu próprio negócio só estão lá por que amam o que fazem. A partir de agora elas ajudarão outros colaboradores a trilharem seus caminhos livremente.

4.2 - NOVAS EMPRESAS

Para entender um pouco mais sobre o futuro do trabalho e dos negócios, aconselho o leitor a buscar mais informações a respeito do futurismo. O livro *Vai Lá e Faz*, de Tiago Mattos, é uma ótima pedida para entendermos mais sobre esse contexto.

Todavia, acredito que duas características sobre esse mundo futuro (que, aliás, não é tão futuro assim) sejam bastante relevantes dentro da ideia que estamos propondo aqui, embora pouco comentadas.

EMPRESAS MULTIFACETADAS

Após encontrar os propósitos e as identidades verdadeiras, sempre pergunto aos meus clientes: "Agora que você está conectado com o seu propósito, você acha que o que está entregando ao mundo por meio de seus produtos é suficiente? Isso te deixa satisfeito? Isso realiza o seu propósito no nível desejado?". Geralmente a resposta que ouço é "não".

Isso acontece porque a força de se conectar com um propósito é muito forte. Temos uma vontade genuína de espalhar pelo mundo o bem ao qual nos conectamos. Assim, olhando para o que está sendo vendido podemos sentir que "é pouco". Entenda que essa é uma notícia boa. Significa que sua empresa se conectou com o propósito e, daqui para frente, o céu é o limite.

Abrem-se então mil novas possibilidades. Então, ciente de qual é a sua missão e qual é o seu propósito você deve se perguntar: "O que mais podemos fazer para entregar tudo o que nossa empresa deseja?" Só então poderemos partir para a construção de novos negócios, serviços e/ou produtos. Seja por meio de novas plataformas ou novos formatos, a ideia é conseguir inovar e aumentar exponencialmente o poder de realização do nosso propósito.

Para seguir nesse exercício, deixo algumas dicas extremamente importantes:

Abra o coração e a mente. Pode parecer clichê, mas pensar fora da caixa é fundamental. Não se limite ao mercado que você já conhece, tampouco aos seus produtos. Pense somente naquilo que poderá ampliar seu propósito exponencialmente. A participação de outras pessoas nesse processo, inclusive de fora de sua empresa e do mercado, poderá auxiliar muito em novas visões.

As repostas certas são aquelas que parecem óbvias. Para respeitar sua identidade é importante não forçar novos mercados ou novos produtos. Olhe para as paixões que permeiam sua empresa e veja quais delas podem se tornar um negócio. Quais delas são serviços que vocês já prestam e têm potencial para impactar um número maior de pessoas, trazendo resultados positivos para todos?

Você logo perceberá que as novas facetas que aparecerão dentro de sua empresa são, provavelmente, coisas que você sempre desejou fazer – ou mesmo sempre fez, mas não tinha tornado aquilo um negócio.

Usarei como exemplo a minha primeira experiência nessa jornada, ou seja, minha própria empresa.

F.MARTINS PROSPERIDADE

A f.martins prosperidade, da forma como está hoje, nasceu depois de muito trabalho de autoconhecimento e transformação. A conexão com a verdadeira identidade da empresa e com o propósito foi um processo longo e muito bonito. Antigamente ela era apenas uma agência de publicidade comum. Porém, durante esse processo a agência foi se transformando, descobrindo a si mesma e o que ela desejava entregar para o mundo. Assim, nós nos conectamos com a nossa identidade "ser um agente de prosperidade que inspirasse o mundo". O nosso propósito é "Fazer empresas e pessoas prosperar".

A partir desse encontro nós nos fizemos a pergunta acima, e a resposta foi um sonoro "não". Assim iniciamos uma busca para encontrar o que, dentro de nós, poderia nos ajudar a ampliar a sensação de realização.

Mesmo na prática sendo uma agência de publicidade, ensinar sempre foi algo natural para mim e para meus sócios. Fazíamos isso constantemente, ora por meio de treinamentos internos, ora por meio de encontros com outras empresas (nos quais todos aprendiam). Também recebíamos alunos de faculdades que queriam conhecer mais a respeito do mercado publicitário.

Havia momentos em que a empresa ficava repleta de gente querendo saber mais sobre nosso trabalho. Mesmo sem saber disso, já respirávamos a missão de inspirar o mundo. Esse fluxo de pessoas sempre foi algo natural e sempre adoramos promovê-lo.

Após diversas reuniões surgiram várias ideias. Dessas, algumas ressoaram profundamente dentro dos sócios, a ponto de falarmos "mas isso a gente já fez" (risos).

Hoje, a f.martins prosperidade é uma empresa que leva prosperidade para todos os envolvidos. Isso acontece por meio de: uma agência de publicidade; uma escola de prosperidade (que funciona dentro da agência e de maneira conjunta); uma consultoria de identidade e propósito; e de um espaço de vivência (uma forma de *coworking*, onde alunos e diversas empresas e profissionais trocam experiências do dia a dia).

Vale ressaltar que esclarecer tudo isso agora parece bem fácil, mas tomar conhecimento de cada detalhe foi um processo longo e intenso, que ainda hoje está amadurecendo dentro de nós.

Não esqueça de usar o *mindset* inovador para novos modelos de negócios. A inovação, como vimos, faz parte de uma identidade bem firmada, mas, para descer a níveis mais práticos é importante usar das plataformas e dos formatos considerados mais inovadores hoje em dia. Ao pensar na melhor maneira de aumentar seu impacto, inspire-se nos modelos considerados inovadores: a Uber, por exemplo, não possui nenhum carro em sua frota; a Airbnb não tem um único hotel em se portfólio; a Apple, por sua vez, criou uma nova forma de usar o celular, transformando-o em uma ferramenta multitarefa.

Com o uso de novas plataformas, principalmente digitais, sua empresa poderá atender a grupos exponencialmente maiores de clientes, a custos possivelmente menores, o que aumentará sua vantagem competitiva.

A maioria das empresas mais valiosas de hoje são aquelas que conseguiram usar de uma mentalidade multifacetada para impactar milhões de pessoas: Apple, Google, Amazon, Facebook, Microsoft, entre outras.

Para alcançar sucesso ao se tornar multifacetado com plataformas distintas, uma característica é imprescindível: estabelecer relações com empresas parceiras a fim de agregar novas possibilidades, como tecnologias, conhecimentos, habilidades e, até mesmo, uma nova base de possíveis clientes para ambas as companhias. Com base nisso, vamos a uma nova característica.

GRANDE ESPÍRITO CORPORATIVO

Ter uma empresa espiritualizada, que viva com base no propósito, é trabalhar o tempo todo dentro de uma energia social. E é importante entendermos o que é isso.

O nível de espiritualidade é, naturalmente, um nível social. É a partir dele que voltamos nosso olhar "para fora". Nossa atenção não está mais em cima de nós mesmos, mas concentrada em ajudar os outros de alguma maneira, o que deixa um legado positivo no sistema em que estamos inseridos – nós nos realizamos fazendo pelos outros. Valores relacionados a essa energia social – compaixão, amor, respeito etc. – são reforçados, inclusive mudando a nossa identidade. Essa energia social, em um nível invisível, é o que conduz nossa vida na busca de uma conexão com o mundo a nossa volta, seja como pessoa ou empresa.

No nível visível é um pouco mais prático. Ele se refere a empresas que sentem facilidade em trabalhar em parceria com outras companhias, e apreciam esse tipo de relacionamento em que todos ganham.

Líderes que possuem essa energia, agem mais naturalmente em grupo. Eles possuem habilidade de conectar diferentes pessoas e diferentes parceiros. Eles também se sentem mais à vontade ao lidar com a sua equipe enquanto conjunto, sem focar sua liderança na relação pessoa-pessoa.

Dito isso, empresas espiritualizadas são empresas sociais, que enxergam o mundo dos negócios como abundante. Elas criam espaço para que diferentes organizações e diferentes parceiros possam agregar (valores, ferramentas, conhecimentos etc), sempre com o objetivo de atingir e maximizar seu propósito.

Seja na criação de uma empresa multifacetada ou na busca de novas plataformas, essa será uma energia vital para o sucesso: a energia de querer e trabalhar junto com novos parceiros ou profissionais externos.

Bons propósitos são encantadores e, por isso, trabalhar em parceria com outro propósito é sempre uma alegria, sabendo que estamos colaborando com o mundo por outro viés. Além disso, esse novo parceiro possuirá outros, que, por sua vez, também se relacionarão entre si. Isso acontecerá mesmo que de maneira inconsciente por meio de seus propósitos. Assim uma cadeia vai se formando, de modo que todas as companhias trabalhem interligadas, se mantenham focadas no bem comum e contribuam exponencialmente para a melhoria do mundo.

FIGURA: GRANDE ESPÍRITO CORPORATIVO

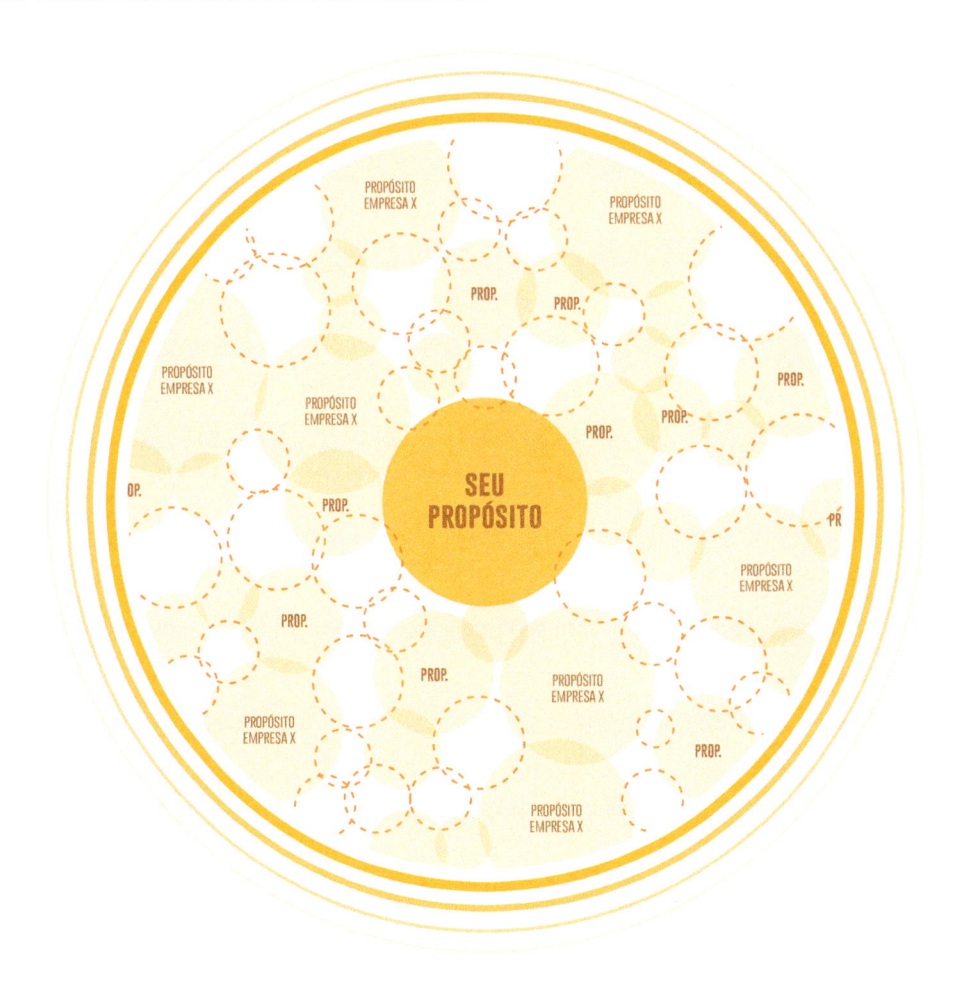

A empresa que estamos buscando construir é mais aberta, pois não teme um "futuro" baseado no medo (como, por exemplo, "vão roubar minha ideia). Ela vive sob a energia da abundância, ou seja, com a crença de que existe o suficiente para todos. Sendo assim, é possível olhar para fora mais facilmente e traçar planos de caráter social, abrindo espaço para novos caminhos e novas pessoas.

Em algumas filosofias espirituais Deus é conhecido como O Grande Espírito, pois é a soma do espírito de todos nós. Na mesma linha de raciocínio, o Sol também é considerado Deus por alguns povos, uma vez que também fala da importância do conjunto formado por todos nós: cada qual representando um raio de sol, com sua importância e suas singularidades. Ou seja, juntas as pessoas formam o Deus Sol, que, em contrapartida, só existe por consequência da soma de todos esses raios. Empresas espiritualizadas devem trabalhar dessa mesma maneira, com o mesmo objetivo:

"JUNTAS ILUMINAREMOS O MUNDO"

EMPRESAS QUE INSPIRAM O MUNDO

Muita gente me pergunta "De que maneira é possível despertar uma empresa cuja consciência esteja adormecida?", ou mesmo "Como é possível transformar uma companhia comum em uma empresa espiritualizada, se ela própria não demonstra interesse por isso?".

Em primeiro lugar, sempre digo que não há ninguém nesse mundo que não tenha interesse em ser mais feliz. Também não existe ninguém que não se interesse por ter mais prosperidade. Dito isso, nunca conheci uma pessoa que não se interessasse pelo processo de se tornar mais espiritualizada.

Os conceitos aqui apresentados nada mais são que um caminho para chegarmos aonde queremos. Apenas não enxergávamos esse caminho.

Assim, é importante descobrir qual "porta" de interesse é mais adequada para cada líder que ainda não tenha encontrado seu caminho. Por exemplo: se uma empresa se interessa somente por lucro, existem diversos exemplos no mundo de empresas financeiramente prósperas que trilham o caminho da espiritualidade. Inclusive, essas são as empresas que hoje estão em destaque.

Outro fator decisivo para transformar essa jornada em caráter planetário é: inspirar o mundo por meio dos próprios exemplos.

Diversas empresas que me procuram já demonstram estar superconscientes e desejosas de transformar a si mesmas e ao mundo. Ou seja, em algum momento houve um "despertar" nessa companhia, e o que percebi foi que isso quase sempre acontece por conta de alguma inspiração. O líder ouviu alguém falar ou viu algum exemplo de outra empresa, e isso vibrou dentro dele e fez despertar um desejo: "é isso que quero para minha empresa".

Isso é muito comum. Milhões de despertares acontecem todos os dias, pois sempre há algo dentro de nós esperando para vibrar no sentido da satisfação, da felicidade e do amor. Assim, é papel de cada um de nós atuar como fonte de inspiração.

PARTE 5
O GRANDE SEGREDO

O QUE DEVO FAZER DA VIDA?
FAÇA O QUE QUISER.

ESSA É A VERDADE A RESPEITO DE TODAS AS NOSSAS AFLIÇÕES. A VIDA É UMA EXPERIÊNCIA A SER VIVIDA EM SUA PLENITUDE. POR ISSO, NÃO SE PRENDA A OPINIÕES, SOMBRAS E CRENÇAS QUE TE IMPEDEM DE SER FELIZ.

Por mais que tudo o que vimos até aqui seja muito importante, peço um carinho especial com esse capítulo. Ele é a chave de todo o trabalho descrito anteriormente. É como se para poder trabalhar de forma amorosa, proporcionando um bem maior para o mundo, você precisasse tomar uma poção mágica. Bem, esse capítulo é como a primeira dose dessa poção.

Até aqui construímos a possibilidade de um trabalho melhor e de uma empresa mais feliz, ambos espiritualizados. Se você leu o livro até aqui e se sentiu estimulado a trabalhar por causas mais nobres (externas e internas), ótimo. Isso significa que, de algum modo, este livro cumpriu seu dever. Porém, se tudo o que falamos ao longo dessa obra se traduzir apenas numa compulsão por atingir algo, o tiro saiu pela culatra.

Todo trabalho precisa ser conduzido com paixão, com o entendimento de que o crescimento, os acertos e os erros fazem parte do processo. A vida é um desafio e sempre será. Saber viver de maneira harmônica com isso torna tudo mais leve e, consequentemente, mais feliz.

NÃO HÁ NADA QUE PRECISE SER FEITO

"O QUE QUER QUE ESTEJA SURGINDO NA MENTE, É LIXO! NÃO É NADA! NÃO CONTRIBUI PARA NADA! É NADA! É NADA!"
– ASSISTA O VÍDEO DO GURU MOOJI FALANDO SOBRE AS CRIAÇÕES DA MENTE.

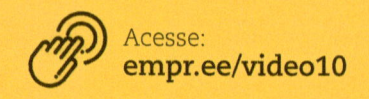

Acesse: empr.ee/video10

Não sou um grande fã da palavra "missão". Pela minha ótica, ela pode levar a um entendimento incorreto do seu real significado. A maioria das pessoas a entendem como " algo a ser realizado", mas isso, como tudo que colocamos no futuro, não existe. Desse modo, sempre que uso "missão" é com o significado de papel (como em: "qual o meu papel" dentro disso) e, neste sentido, ela nos diz muito sobre identidade.

Diversas tradições espirituais afirmam que existe somente uma missão para cada um de nós (e ela inclui nossas empresas): viver. E isso quer dizer "viver o presente" e da forma como acharmos melhor. Nada nessa vida nos é colocado como um desafio a ser superado. A vida não é um jogo a ser ganho, mas uma jornada a ser trilhada. Em outras palavras, ela não é um fim, mas o caminho.

Trabalhar sempre com o objetivo de alcançar algo, tendo o futuro como foco, só irá gerar ansiedade e frustração. E tudo isso por conta de uma ideia ilusória.

Os problemas estão sempre presentes, e são bem-vindos. Precisamos olhar para os obstáculos com amor, como um desafio gostoso de se viver, sabendo que o que importa é o aprendizado que a vida irá nos proporcionar.

Cada vez que entro numa empresa, tenho a nítida sensação de que os líderes abrigam a falsa ideia de que um dia tudo irá se resolver. Eles relatam os problemas que continuam aparecendo, como se, após fazê-lo, estes se extinguissem de vez. Todavia, essa visão traz uma sensação de angústia.

Em contrapartida, uma empresa espiritualizada tem a crença de que esses desafios são parte da vida e da nossa jornada.

Vejo diversas pessoas e muitas empresas trilhando ao longo da vida um caminho de autoconhecimento, até que num determinado momento elas encontram algo maravilhoso pelo que trabalhar. "Encontrei minha missão", eles dizem. Então essas companhias estabelecem para si mesmas uma meta: trabalhar essa "missão" ao longo de vários anos futuro. Porém, o tempo passa. Essas empresas e esses indivíduos acabam enfrentando os percalços (normais) da vida e, com isso, a frustração é altíssima. Eles dizem: "parece que nunca conseguimos colocar em prática o que queremos".

Faz parte do conceito de propósito que ele seja absolutamente natural para sua empresa; ele precisa ser parte de quem vocês são, e o único momento para colocá-lo em prática é sempre o agora. Por isso, preciso que você, amigo leitor, entenda: não há nada que precise ser feito.

"APRECIE A EXPERIÊNCIA DO VIR A SER."
Neal Donald Walsch

FAZER E SER SÃO A MESMA COISA

Então, tudo o que foi dito até aqui sobre o que deveríamos fazer deixa de fazer sentido? Não.

Quando estamos apaixonados pelo nosso trabalho, acordamos felizes para ir trabalhar. Ninguém precisa nos forçar, nós simplesmente vamos. Esse é o fazer de coração, que deve sempre nos guiar em todas as nossas ações.

Por outro lado, o fato de entendermos que nossa vida é uma jornada não significa que não devemos fazer nada. O motivo para enfrentarmos os desafios com gratidão é o fato de isso fazer parte do nosso aprendizado, da nossa vida. Podemos também escolher não fazê-lo, mas, qualquer que seja a nossa escolha, ela deve vir do coração. Só assim caminharemos com alegria.

Quando a pirâmide de níveis neurológicos está toda alinhada e o propósito se declara diretamente a partir de quem realmente somos, o ser e o fazer se tornam uma coisa só. Nesse momento há no indivíduo uma sensação de extrema plenitude – o que, dentro de uma empresa, se transforma no *flow* que permeia toda a corporação (dentro e fora dela).

Isso acontece porque, nesse processo de crescimento, acabamos lidando com o baixar das máscaras. Estas faziam com que nós – assim como nossas empresas – agíssemos no mundo como personagens inventados apenas para agradar aos outros e obedecer aos padrões impostos pela cultura. Atuar através dessa máscara torna o fazer sempre um fardo. Todavia, quando superamos essa prática, o fazer se torna uma manifestação da alegria de ser quem somos.

> "O PROPÓSITO DA ALMA NÃO É AQUILO QUE FAZEMOS, MAS SIM AQUILO QUE SOMOS."
> Sri Prem Baba

Como sociedade, a partir do momento que conseguirmos mudar nossos comportamentos (fazer), alinhando-os com o que somos (ser), o próprio conceito de trabalho irá mudar, transformando-se em um espaço de realização das nossas paixões. Frente a isso, não precisaremos de empregos nem de empresas (pelo menos não da forma que conhecemos hoje). O simples fato de realizarmos nossas paixões já será considerado como trabalho.

> No livro Conversando com Deus III, de Neal Donald Walsch, há uma passagem interessante sobre o conceito de trabalho: as tarefas e atividades deveriam sempre ser realizadas com base apenas no que um ser gosta de fazer e considera como expressão mais elevada de si mesmo. O próprio conceito de "sucesso", como se apresenta nos dias de hoje, não existiria, precisamente porque seu oposto – o fracasso – também não existiria. O trabalho é a forma mais elevada de satisfação pessoal.
>
> (trecho adaptado)

Se qualquer etapa do processo estiver sendo forçada, não está correta. Entre em contato com a verdade de sua empresa, ou com a sua verdade, e verá que trabalhar com o coração é natural. Fazemos aquilo que queremos. Assim, nosso ser e nosso fazer serão sempre um só.

SE NÃO É UM JOGO, NÃO EXISTEM VITORIOSOS NEM DERROTADOS

Como vimos, há séculos somos condicionados a desejar a vitória. Faz parte da cultura em que vivemos querer sempre vencer. Na escola, sempre desejamos ser o melhor, e, se não somos, enfrentamos algum tipo de castigo. Em nosso trabalho somos reconhecidos por resultados, assim, "disputamos" posições na companhia com o colega que está bem ao lado.

Por essa perspectiva, a vida é uma luta. Mas isso cansa. É importante entendermos que essas crenças e esses pensamentos não são nossos. São condições estipuladas pela nossa cultura, mas você não precisa seguir nessa luta.

Precisamos agradecer sempre pelo sucesso que obtemos, independentemente de qual seja. Devemos também agradecer – e ainda mais – quando o nosso sucesso também é o sucesso do outro (como já vimos, a felicidade própria e a do outro são uma coisa só). A partir do momento que sentimos isso, nossa vida se torna mais leve. Não há mais jogo, não há mais competição e não temos de vencer sempre. Que alívio.

ASSISTA O VÍDEO
"VENCER, VENCER, VENCER, PARA QUÊ?"
DE EDUARDO MARINHO.

Acesse:
empr.ee/video11

ESTAMOS SEMPRE EM EVOLUÇÃO – NÓS SOMOS A JORNADA.

Em nosso questionamento sobre a nossa essência é importante entendermos que hoje somos diferentes daquilo que fomos ontem. Osho costumava dizer que "qualquer definição de quem somos se refere ao nosso passado". Você se define como uma pessoa feliz porque suas experiências passadas te mostraram exatamente isso. Porém, isso não representa quem você realmente é, muito menos quem será. A descoberta da nossa verdade (e da verdade das nossas empresas) é sempre uma imersão no passado, ou seja, uma tentativa de sintetizar tudo o que fomos até agora.

ASSISTA AO VÍDEO "QUEM É VOCÊ...DE VERDADE" DE KOSI.

Acesse: empr.ee/video12

Somos seres em pleno movimento. Somos, assim como Deus, um sopro em acontecimento. Em essência, somos todos uma jornada.

Nossas ideias mudam, nossos comportamentos mudam, nossos valores mudam. Isso significa, que seu trabalho também mudará. Com o tempo, sua vontade será outra.

Se estamos em constante evolução, nossas empresas também estão. Nossos colaboradores também estão e todo o mundo ao nosso redor está. Assim, nosso propósito evolui, nosso papel no sistema muda, e não há nada que possamos fazer para evitar isso. A mudança é a única constante.

É muito comum nos identificarmos com nossos sofrimentos e dizermos algo do tipo: "sou uma pessoa triste". Entender de maneira profunda que estamos em constante mudança nos permite sentir que não somos os problemas que estão acontecendo. Assim, do mesmo modo como acontece com as pessoas, não podemos identificar nossas empresas pelos problemas que acontecem no seu dia a dia. Eles não fazem parte da nossa essência. Tudo o que acontece se torna passado, podendo ser (e sendo) alterado a qualquer momento.

Queiramos ou não, o sistema ao nosso redor muda sempre. Desse modo, ficar estagnado é algo bastante solitário. Nossas empresas e nossos liderem precisam ser a mudança que desejam para o mundo

MEDO E CORAGEM

> "A CORAGEM QUE VENCE O MEDO TEM MAIS ELEMENTOS DE GRANDEZA QUE AQUELA QUE NÃO O TEM. UMA COMEÇA INTERIORMENTE; OUTRA É PURAMENTE EXTERIOR. A ÚLTIMA FAZ FRENTE AO PERIGO; A PRIMEIRA FAZ FRENTE, ANTES DE TUDO, AO PRÓPRIO TEMOR DENTRO DA SUA ALMA."
>
> *Fernando Pessoa*

Se há um caminho padrão para a evolução da sociedade, ele é: abrir o coração e se tornar o amor pleno.

Como já vimos, nossas empresas também têm coração, paixão e um sentido no mundo. Abrir esse coração é passar a atuar por meio da coragem (agir com o coração) e não mais pelo medo.

Ter coragem não significa não ter medo, mas sim trabalhar com ele. Mark Twain disse certa vez: "Coragem é a resistência ao medo, é o domínio do medo, não a ausência do medo." Este possui suas pressuposições positivas (proteção, conservação etc.) e, por isso, precisa ser respeitado.

Medo, do latim *metus* significa "inquietação, temor e ansiedade", todos sentimentos oriundos da mente. Medo é um sentimento geralmente ligado ao futuro, ou seja, é uma projeção mental. E, reforçando: qualquer coisa relacionada ao futuro não existe; é só uma coisa da nossa cabeça. Não há medo que venha do coração.

Simplificando a mensagem: trilhe o caminho do autoconhecimento e encontre as estratégias de defesa que bloqueiam você e sua empresa. Enfrente-as! Encontre aquilo que te faz sentir tesão por levantar da cama toda manhã e viva isso.

CONTEMPLAR É "ESTAR COM O TEMPLO"

Das habilidades do pensar, a que mais admiro é a de contemplar. O estado de contemplação é um estado de aprendizado, onde toda informação é absorvida pelo coração. Ao contrário do que costumamos pensar, o aprendizado pelo coração é mais poderoso do que aquele cognitivo. Em estado contemplativo também estamos em estado de presença, observando e sentindo somente daquilo que estiver acontecendo no agora.

Mas o contemplar não depende de uma fonte externa, e sim do nosso estado interno. Você já flagrou a si mesmo sentindo-se muito bem em um local que parecia inapropriado para isso? Todo mundo em algum momento da vida já entrou em estado de *flow* somente por observar alguma coisa que estava acontecendo. Pois é, esse estado foi produzido por você e está somente dentro de você. Não é o outro nem qualquer "coisa" que estiver acontecendo que possui o mérito por tal estado. Só você!

No estado de contemplação, admiramos algo de maneira tão profunda que o nosso interior se acalma, persistindo apenas uma sensação intensa de querer agradecer infinitamente. Esse é o estado pleno da Gratidão. Num contexto místico-religioso, isso significa alcançar Deus pela vivência pessoal.

> *Contemplar é estar com o templo. E esse templo somos nós mesmos, em paz, em presença e em plenitude.*

Para encontrarmos esse templo, o silêncio é peça fundamental. Estar em contato com você mesmo e mais ninguém é o que gera o silêncio da alma.

"O SILÊNCIO É A VITÓRIA DA ALMA SOBRE A MATÉRIA."
Sri Prem Baba

Somente com o templo em silêncio será possível viver com base na gratidão. A partir desse estado a felicidade, a prosperidade, o amor e tudo mais, serão um resultado natural.

Lembrando que, como se costuma dizer, "tem coisas que só o templo cura".

ESTÁ TUDO BEM

"PARE DE ESPERAR QUE SUA VIDA SEJA NORMAL. ELA JÁ É". ASSISTA À PALESTRA TED, **"BLUEPRINT FOR A BREAKTHROUGH"**, DE SHANE KOYCZAN.

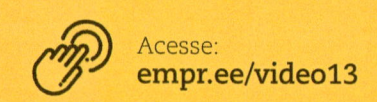

Acesse:
empr.ee/video13

Pare de esperar que sua vida seja sempre feliz, bem-sucedida, repleta somente de coisas boas. A experiência de viver diz respeito a se conhecer o bom e o ruim. Uma vida que só traz um lado da moeda, não tem valor verdadeiro. É uma vida pela metade.

A tristeza também faz parte da vida. O sofrimento não. Sofrimento é resistência. Se aceitamos as coisas como elas são, o sofrimento acaba.

"SE VOCÊ NÃO ESTÁ OCUPADO VIVENDO, ESTÁ OCUPADO MORRENDO."
Bob Dylan

Bom trabalho e lembre-se:

Está tudo bem. Sempre!

www.dvseditora.com.br